YSBRYD
Y LLE HWN

Mair Evans

(Golygwyd gan Christine Jones)

Gofannon
2004

Cyhoeddwyd yn 2004 gan
Gofannon, 30 Heol Pen-y-wern, Clydach,
Abertawe, SA6 5HD.

E-bost: gofannon@caergofannon.demon.co.uk

ISBN 0-9548102-0-1

Argraffwyd yng Nghymru gan
Wasg Dinefwr, Llandybïe

Y cast a'r criw!

GOLYGYDD – *Christine Jones.*

ARGRAFFWYR – *Gwasg Dinefwr.*

DARLLENIAD AR Y CD – *Gwyneth Glyn.*

RECORDIO'R CD – *Fflach.*

DYLUNYDD Y CLAWR – *David Nicholas (Nicholas Marketing).*

DYLUNYDD LOGO "GOFANNON" – *Sylvie Hoffmann.*

ARF CYFRIN – *Alison Layland.*

GWOBRAU ARBENNIG:

Ysbyroliaeth dibendraw – *Sylvie.*

Coffi, bananas a straeon difyr – *Wyn.*

Bod yn "ddarllenydd prawf" mor frwydfrydig! – *Alison Curran.*

Darllen y proflenni – *Menai Donovan, Eirlys Madoc-Jones (ac, wrth gwrs, Chris ac Al!).*

Derbyn ein holl alwadau ffôn ni a helpu, bob amser! – *Mavis.*

Gwneud y syms – *Huw Evans.*

Atalnodi – *Eddie.*

Gwneud i ni gredu bod hyn i gyd yn bosibl i ni – *Emyr.*

A gwobr arbennig i'r un a roddodd cymaint o gymorth i ni mewn ffordd arbennig iawn! Wnaethoch chi ddim gadael eich enw, ond – DIOLCH!
Gofannon

1

Roedd y ferch yn gwybod ei fod e'n dod amdani. Roedd hi'n gallu ei arogli e'n dod. Roedd ei ddillad e'n drewi o fwg a'i anadl e'n drewi o alcohol.

Fyddai hi ddim yn ei wrthod e. Roedd e'n gwybod fyddai hi ddim yn ei wrthod e. Gafaelodd e yn ei hysgwyddau hi. Sythodd hi. Doedd neb o gwmpas. Roedd e bob amser yn gwneud yn siŵr bod neb arall yn y tŷ. Roedd e'n glyfar.

Roedd gormod o ofn arni i weiddi am help.

Closiodd e ati. Rhaid iddi ufuddhau. Roedd e'n agos nawr, ei ddwylo'n symud i fyny ac i lawr ei chorff, yn gwasgu ei bronnau, a'i dafod yn llyfu ei hwyneb hi. Gwthiodd e ei chorff hi yn erbyn y wal, yn araf ac yn dyner, fel parodi creulon o ddau gariad yn cusanu am y tro cyntaf. Rhewodd ei gwaed hi, ond wnaeth hi ddim ymladd yn ei erbyn e.

Doedd hi ddim yn gallu ei wrthod e. Ceisiodd hi wacáu ei meddwl hi. Doedd hi ddim yn bosibl iddi atal yr anochel, ond roedd hi'n gallu ceisio dileu'r cyfan o'i meddwl a'i chof.

"Ymlacia," meddai fe, fel cariad wrth gariad mewn sibrwd poeth yn ei chlust. Anwesodd ei hwyneb hi. Yn dyner. Anwesodd ei gwallt hi. Yn dyner. Anwesodd ei gwddf hi, a'i gwthio hi i lawr a gorwedd arni. Roedd ei gorff e'n drwm, a drewdod ei anadl yn troi ei stwmog hi. Caeodd hi ei llygaid er mwyn peidio â gweld ei wyneb e eto. Doedd hi ddim yn gallu dianc. Eto, ac eto, gwasgodd ei fysedd i mewn i'w chnawd hi. Roedd e'n cnoi ei gwddf hi, yn glafoerio dros ei gwefusau hi. Teimlodd hi gyfog yn codi i'w cheg. Gwthiodd e i mewn iddi, eto, eto ac eto.

Yna roedd e wedi gorffen, a chododd e.

Yn araf bach agorodd hi ei llygaid.

Gorweddodd hi yno am gyfnod hir ar ôl iddo ei gadael hi. Yna llusg-odd hi ei hun i gornel, ac arhosodd yno yn ei chwrcwd yn crynu, yn crio. Rhaid iddi gael help, ond roedd ei chorff wedi ei barlysu gormod iddi allu wneud sŵn, ac roedd gormod o ofn arni i ddweud wrth neb. Ac roedd hi'n gwybod y byddai fe'n dod eto, fel o'r blaen. Doedd hi ddim yn gallu ei wrthod e. Roedd hi'n gwybod beth oedd pris gwrthod. Ceisiodd weiddi, ond ddaeth dim byd o'i cheg sych hi. Ceisiodd hi eto ond ddaeth dim byd ond sibrwd gwan.

"Help – rhywun – plîs helpwch fi!" ond dim ond distawrwydd a atebodd, yr unig sŵn oedd ei beichio crio ei hun yn nhywyllwch y nos; ei chorff hi'n gleisiau i gyd yn cuddio yn y cysgodion. "Helpwch fi – plîs! – unrhyw un – helpwch fi! – Helpwch fi!"

Ond roedd y nos yn ddistaw. Dim ond y tŷ oedd yn gwrando, ac roedd hwnnw'n ddistaw hefyd, fel bedd oer.

2

Nos Wener. Ganol nos yng nghanol y ddinas. Tu allan i un o'r clybiau nos roedd dau ddyn a merch ifanc yn eistedd yn gwylio pobl yn mynd i mewn. Dyma'r clwb nos mwyaf yn Abertawe. Roedd Raz yn gwybod hynny – doedd e ddim yn dwp. Roedd e'n gwybod sut i gael yr arian mawr. Roedd e hefyd yn gwybod bod rhaid iddo fe ddod o hyd i rywle i gysgu heno.

Ond arian oedd ar ei feddwl e nawr. Roedd pobl yn dal i ddod allan o'r clwb nos, a nes iddyn nhw i gyd adael doedd *e* ddim yn bwriadu gadael chwaith. Edrychodd o'i gwmpas yn ofalus. Roedd pobl yn mynd a dod yn rheolaidd, ac roedd gan y bobl hyn arian. Felly roedd e'n bwriadu aros, drwy'r nos os oedd rhaid. Tynnodd ei hen siaced denim yn dynnach o'i gwmpas. Roedd y bobl hyn tua'r un oedran â fe, ond mewn dillad drud ac yn galw am dacsis drud. Doedd y byd ddim yn deg. Roedd Raz wedi dysgu hynny eisoes yn ei fywyd byr e. Doedd dim byd yn deg.

Edrychodd y tu ôl iddo a gwelodd Lisa. Roedd hi'n pwyso yn erbyn ffenest siop fawr. Lisa. Lisa ei gariad, Lisa ei warchodwr, Lisa ei angel. Drwy'r nos roedd pobl wedi brysio o'r clwb nos a dechrau rhedeg am dacsis, ond unwaith iddyn nhw weld ei angel e, ei angel prydferth, diniwed e, bydden nhw'n meddwl eto ac yn gwthio eu dwylo yn ddwfn i mewn i'w pocedi nhw. Roedd hi'n edrych mor dlws ac mor ddiymadferth roedd pawb yn teimlo trueni tuag ati. Oedd hi'n sylweddoli pa mor werthfawr oedd hi?

Edrychodd Raz arni. Roedd hi'n ceisio tynnu ei siaced denim ysgafn yn dynnach amdani. Roedd hi wedi gwerthu ei chot hi. Oedd hi'n difaru nawr? Ond cafodd ddigon o arian amdani i brynu digon o gyffuriau i bara am ddiwrnod arall i'r ddau ohonyn nhw – gan gynnwys prynu potel i Llew hefyd. Chwarae teg iddi. Bu'r got yn un ledr, hir a drud, anrheg oddi wrth ei mam hi ar ei phen-blwydd yn un ar bymtheg – ddwy flynedd yn ôl. Ond dywedodd hi ei bod hi'n gallu prynu cot newydd. Gyda beth? Edrychodd Raz arni. Roedd ychydig o wrid naturiol yn dal ar ei bochau hi. Doedd hi ddim wedi cael blynyddoedd o hyn eto. Fis neu ddau, dyna i gyd. Doedd e ddim yn gwybod am faint y byddai yntau'n ddigartref y tro hwn. Diwrnod? Wythnos? Mis efallai?

Roedd Raz yn gwybod doedd dim modd i Lisa fynd yn ôl at ei rhieni hi, ond roedd chwaer gyda hi'n byw yn agos, ac yn ôl pob sôn roedd hi a'i gŵr hi'n awyddus iddi ddod i fyw atyn nhw. Roedd Raz mor falch bod Lisa wedi gwrthod.

Gwyliodd e hi wrth iddi glosio at Llew. Roedd gyda fe hen got wlân hir, ac roedd e'n edrych yn ddigon cynnes. Eisteddodd Lisa i lawr wrth ochr Llew a gwthiodd hi ddarnau o'i gwallt hir melyn o'i llygaid a thynnu cydynnau hir o gwmpas ei gwddf fel petai'n sgarff rhag y gwynt cas.

"Hei, Llew!" meddai hi, yn ceisio swnio'n llon. "Wyt ti'n ffansïo rhannu dy got di?"

Dim ateb. Dim ond rhyw ochenaid isel.

Llew. Doedd heno ddim yn noson dda i Llew. Roedd Raz wedi gobeithio bod Llew yn cysgu, ond doedd e ddim. Roedd e'n pwyso yn erbyn y wal oer, yn syllu'n syth o'i flaen. Alcohol, dyna gyffur Llew. Alcohol, a dim byd ond alcohol. Ac roedd hynny'n broblem i Raz. Doedd Raz ddim yn gwybod beth fyddai Llew yn ei wneud nesaf. Syllodd Raz ar groen gwelw Llew yng ngolau melyn y stryd. Roedd ei fochau yn bantiau dwfn, ac roedd llinellau miniog yn croesi ei gilydd ar draws ei wyneb e. Roedd ei wallt e'n dal yn drwchus, ond erbyn hyn roedd yn llwyd i gyd, fel llygoden fawr. Ceisiodd Raz ddychmygu Llew yn ddyn ifanc – rhaid ei fod e'n olygus ar un adeg. Nawr roedd e'n edrych fel hen ddyn, ond roedd Raz yn gwybod ei fod e ddim yn llawer henach na deugain oed. Alcohol. Dyna'r hyn roedd alcohol yn ei wneud i chi. Doedd Raz braidd byth yn cyffwrdd ag alcohol.

Ar y stryd o'u blaenau roedd popeth wedi mynd yn dawel.

"Dw i eisiau mynd," clywodd e Lisa yn dweud wrth Llew. "Chawn ni ddim llawer rhagor o arian heno. Wyt ti'n dod?" Oedodd Llew cyn ateb.

"Dim eto," meddai fe, yn dal i syllu yn syth o'i flaen fel petai e'n gweld rhywbeth doedd neb arall yn gallu ei weld. "Mae gormod yn digwydd fan hyn, gormod o bobl . . ." Ochneidiodd Raz yn ddwfn. Erbyn hyn doedd neb ar y stryd ond Llew, Lisa a fe – ac roedd e, Raz, yn sefyll wrth ochr y pafin yn ceisio anwybyddu'r ddau arall. Roedd e'n gyfarwydd â'r dôn bell honno yn llais Llew ac roedd e'n gwybod beth roedd hynny yn ei olygu.

Doedd Llew ddim wedi edrych ar neb arall ers dros hanner awr, dim ond yn syth o'i flaen e. Ceisiodd Lisa anwybyddu Llew a dechrau codi ar ei thraed, ond heb edrych arni estynodd Llew ei fraich a gafael ynddi hi'n sydyn.

Sythodd Lisa. Roedd hi'n gwybod fyddai Llew byth yn ei brifo hi, ond weithiau roedd e'n codi ofn arni, yn enwedig pan oedd e fel hyn. Roedd Raz yn gwylio popeth, a gafaelodd ar unwaith ym mreichiau Llew a'u tynnu nhw oddi ar rai Lisa. Roedd e wedi bwriadu ei diogelu hi, ond roedd y ferch dwp wedi gafael yn syth ym mreichiau Llew eto.

"Beth wyt ti'n ei weld?" gofynnodd Lisa wrth edrych o'i blaen hi i'r gofod lle roedd Llew yn syllu, ond doedd hi ddim yn gallu gweld dim ei hun.

"Nhw," atebodd Llew.

"Pwy?" gofynnodd Lisa. Roedd hyn yn ormod i Raz. Roedd e wedi dioddef digon o ddwli'r clown hwn, ers llawer dydd.

"Paid â gwrando arno fe," meddai Raz. "Mae e'n byw gyda'r tylwyth teg, mae pawb yn gwybod hynny," ond anwybyddodd Lisa e ac edrych i lawr yn amyneddgar ar Llew. Roedd ei lygaid glas e wedi eu hoelio ar yr heol wag.

"Beth wyt ti'n ei weld?" gofynnodd hi.

"Haul," meddai fe.

"Haul?"

"Haul y nos."

"Dywedais i ei fod e'n wallgof . . ." Roedd Raz wedi dechrau cerdded yn ôl ac ymlaen o'u blaenau nhw fel teigr mewn cawell. Anwybyddodd Lisa fe a phenlinio wrth ochr Llew.

"A beth arall?" gofynnod hi..

"Pobl. Llawer, llawer o bobl. Eneidiau. I gyd yn crwydro, yn brifo, yn chwilio, yn . . ."

"Pwy ydyn nhw, Llew?"

"Y tylwyth teg, wrth gwrs!" gwaeddodd Raz wrth ochr y stryd. Dododd e ei ddwylo ym mhocedi ei hen jîns gwelw ac edrychodd i fyny i'r awyr. Roedd y glaw wedi dechrau. Roedd e, fel Lisa, yn gwisgo dillad denim tenau. Gadawodd Lisa ochr Llew.

"Ydyn ni'n barod i fynd?"

"Ble?" atebodd Raz.

"Ro'n i'n meddwl bod rhywle gyda ti am heno," heriodd hi.

Ochneidiodd e a nodio ei ben.

"Ydy *hwnnw'n* dod hefyd?" Trodd e i edrych ar Llew fel petai e'n edrych ar ddarn o faw ci ar y pafin. Roedd Llew yn dal i sibrwd rhywbeth o dan ei anadl, ac yn dal i syllu yn syth o'i flaen e i ganol y ffordd. Roedd llygaid Lisa yn ymbil ar Raz.

"Olreit – dewch, y ddau ohonoch chi!"

Ond yn sydyn daeth grŵp o ddynion allan o'r clwb nos. Yn reddfol, aeth Raz i fyny atyn nhw a gofyn am arian. Ciliodd Lisa yn ôl i'r cysgodion, ond rhaid ei bod hi wedi clywed, rhaid ei bod hi wedi eu clywed nhw'n gweiddi arno fe a'u gweld nhw'n poeri cyn croesi'r stryd i gael tacsi. Pam oedd y dynion hyn yn ymddwyn fel petai'r tri yn fygythiad iddyn nhw? Dim ond ceisio cadw'n fyw oedden nhw.

Yna daeth dwy ferch allan o'r clwb yn chwerthin â'i gilydd. Wrth weld Lisa a Llew sobrodd y ddwy yn sydyn, yna'n annisgwyl iawn trodd un ac estyn darn o arian papur at Lisa. Gwyliodd Raz y cyfan gyda gorfoledd. Diolchodd Lisa hi ac edrych i fyny i wyneb y ferch. Edrychodd y ferch yn ôl am eiliad, yn syth i'w llygaid hi. Roedden nhw tua'r un oedran, rhaid bod, ac roedd y ferch hon mor bert yn ei gwisg ffasiynol, ei cholur a'i gwallt wedi ei dorri'n ofalus mewn salon drud. Oedodd y ferch am eiliad arall, yna edrychodd o'i chwmpas gyda lletchwithdod, gafaelodd hi yn llaw ei ffrind a brysiodd i ffwrdd. Wrth gwrs, roedd hi'n gallu gwneud hyn, rhedeg yn ôl i'w bywyd bach cyfforddus hi lle fyddai ddim rhaid iddi feddwl amdanyn nhw na phobl fel nhw eto – y ferch ifanc anniben, yr hen ddyn brwnt, a'r dyn ifanc â golwg beryglus oedd gyda nhw. Trodd y dyn ifanc hwnnw ac heb air, heb unrhyw sŵn o gwbl, cododd ei law fel gorchymyn i'r ddau arall i'w ddilyn e.

3

Roedden nhw wedi cerdded yn bell. Doedd Lisa ddim yn gwybod ble roedden nhw'n mynd ond byddai unrhywle yn well na cheisio cysgu dan bont fel neithiwr. Edrychodd hi ar Raz wrth iddyn nhw gerdded. Roedd e'n cerdded ar y blaen, ei wyneb ifanc hardd mewn cilwen anhyfryd. Roedd hi'n gwybod ei fod e'n grac, yn grac â'r byd a'r gyfalafiaeth a oedd, yn ei farn e, wedi gwneud hyn iddo fe. Ond roedd Lisa'n gwybod mai fe ei hunan a'r cyffuriau oedd wedi achosi hynny.

Roedd Llew yn wahanol, weithiau doedd hi ddim yn gwybod a fyddai fe eisiau bywyd gwahanol ai peidio, a fyddai fe'n ymdopi â bywyd pob dydd, cyffredin. Nid cyffuriau mo'i broblem e, fyddai fe byth yn mynd yn agos at y stwff. Alcohol aeth â bryd Llew, ac roedd rhyw broblemau eraill hefyd. Rhaid bod. Roedd e'n gweld pethau, a doedd hynny ddim yn normal, nac oedd? Roedd Lisa'n amau faint rhagor byddai fe'n gallu byw fel hyn. Fyddai fe'n cael ei dynnu i mewn i ryw ysbyty gan yr heddlu neu'n marw mewn rhyw gornel dywyll fel hen gath wedi synhwyro bod y diwedd yn agos? Roedd Lisa'n gwybod pa un y byddai hi'n ei ddewis iddo fe.

"Dere," meddai hi a helpu Llew ymlaen. Wrth iddyn nhw gyrraedd cyrion y ddinas clywodd y tri gamau cyflym o'r tu ôl iddyn nhw, rhywun yn rhedeg, ei anadl yn fyr. Roedd rhywun yn eu dilyn nhw. Meddyliodd Lisa i ddechrau mai un arall o'r clybwyr oedd e, yn dod i'w poeni nhw eto, ond clywodd ei henw hi'n cael ei alw yn glir a dechreuodd hi gilio yn reddfol i'r cysgodion.

"Lisa! Lisa, diolch byth! Ro'n i'n meddwl fyddwn i byth yn dod o hyd i ti." Roedd Lisa'n adnabod y llais. Trodd i weld ei brawd-yng-nghyfraith, ei fochau'n goch ar ôl rhedeg. "Dywedodd rhywun eu bod nhw wedi gweld rhywun yn debyg i ti y tu allan i'r clwb, ond . . ."

Roedd Raz wedi cerdded ymhell o'u blaenau nhw erbyn hyn. Roedd Lisa'n gwybod bod hyn yn fwriadol. Galwodd Lisa arno. Roedd ei brawd-yng-nghyfraith yn dal i siarad.

". . . Ro'n i'n trio dyfalu ble ro't ti wedi mynd, ac wedyn gwelais i ti yn y pellter, a . . ."

"David," meddai Lisa yn bendant, ond daliodd e ymlaen i siarad eto "David!" Stopiodd e yn sydyn. "Beth wyt ti eisiau?"

"Dw i wedi dod i fynd â ti adre. Does dim rhaid i ti aros fan hyn."

"Na," meddai Lisa. "Rwyt ti'n gwybod mod i ddim yn mynd nôl. Does dim cartre gyda fi i fynd iddo fe."

"Ond dwyt ti ddim yn gallu byw fan hyn, a phwy yw'r bobl 'na? Dwyt ti ddim yn gwybod beth sy'n gallu digwydd i ti." Fel petai i brofi ei bwynt bloeddiodd Llew rywbeth am berygl ac ysbrydion drwg yn ei gyfeiriad e, a bu'n rhaid i Raz ei dawelu fe gyda chic sydyn.

"Ti'n gweld?" meddai David.

"Paid â phoeni amdano *fe*," meddai Lisa "Mae e wedi cael gormod o *meths*."

"*Meths*?"

"Jôc, David."

Edrychodd y dyn draw at Raz a Llew "Dw i ddim mor siŵr o hynny," meddai fe, ac edrychodd e'n nerfus yn ôl at y ferch "Dere nôl gyda fi."

"Na. Dw i ddim yn mynd nôl at yr ast 'na."

"Lisa! Paid â siarad fel 'na am dy chwaer di!"

"Clywais i chi'ch dau'n ffraeo amdana i – dyw hi ddim eisiau i fi aros yn y tŷ 'na." Cofiodd Lisa am y ffrae y noson flaenorol. Roedd hi wedi trio – trio rhoi'r gorau i'r cyffuriau a byw bywyd confensiynol unwaith eto. Roedd David yn fodlon ei helpu hi, ond doedd dim byd yn ddigon i Anne, ei chwaer hi. Roedd Anne wedi ei gwneud hi'n glir ei bod hi ddim eisiau i Lisa fod yno yn ei thŷ hi. Ceisiodd David ei hamddiffyn hi, druan ohono fe, ac ateb Anne oedd mai dim ond David neu hi, Lisa, a oedd yn gallu aros. Doedd Lisa erioed wedi chwalu priodas neb a doedd hi ddim yn bwriadu dechrau nawr. Roedd hi'n gwybod

bod dim croeso iddi hi yn y tŷ hwnnw, ond roedd hi'n gwybod lle byddai croeso. Gafaelodd hi yn ei chot ledr a gadael.

"Roedd hi'n grac, doedd hi ddim yn golygu y pethau ddywedodd hi," meddai David, "dw i wedi siarad â hi a dywedodd hi fod ti'n gallu dod nôl."

"O ie, dw i'n siŵr ei bod hi," meddai Lisa, gan groesi ei breichiau'n ystyfnig.

"Nawr paid â bod yn dwp, dw i'n gwybod fod ti ddim yn gallu byw fel hyn." Oedodd Lisa i feddwl, wedyn trodd hi'n ôl ato fe.

"David," meddai hi, "Os dw i'n dod nôl byddi di ac Anne yn ffraeo eto, a dw i ddim eisiau achosi hynny."

"Fydd hynny ddim yn digwydd . . ."

"Taset ti ond yn gadael i fi fenthyg y tŷ, a . . ." Roedd e'n gwybod bod hynny yn dod. Roedd hi wedi gofyn o'r blaen, ac roedd e wedi gwrthod. Doedd e ddim yn gwybod sut oedd hi wedi clywed, ond roedd ffrind iddo wedi mynd i Awstralia am y gaeaf ac wedi gofyn iddo fe edrych ar ôl ei dŷ, mynd yno yn rheolaidd a gwneud yn siŵr bod popeth yn iawn.

"Na. Dw i wedi dweud wrthot ti yn barod, nid fy nhŷ i yw e."

"Ond mae'n wag ac mae'r allwedd gyda ti – dim ond rhyw wythnos neu ddwy, i fi gael meddwl, a gweithio pethau allan. Bydda i'n edrych ar ei ôl e. Beth wyt ti'n credu dw i'n mynd i'w wneud 'na? Fydd dim partis gwyllt, dw i'n addo, a dim cyffuriau. Dw i'n lân, dw i wedi bod ers misoedd." Edrychodd e fel petai e ddim yn ei chredu hi. "Edrych," rholiodd ei llewys i fyny a dangos ei braich iddo fe. "Ti'n gweld? Dim byd newydd."

"O, Lisa, alla i ddim."

"Alla i ddim mynd nôl gyda ti 'te," dechreuodd hi gerdded i ffwrdd. Dechreuodd e gamu yn ôl i mewn i'r tywyllwch, yn troi allweddi ei gar yn nerfus yn ei ddwylo.

"Wel, dw i wedi trio," meddai fe.

"Pethau drwg o'i gwmpas e," gwaeddodd Llew ar ôl David.

"Dyw Llew ddim yn cael un o'i ddyddiau da," meddai Lisa. "Weithiau mae e'n siarad synnwyr perffaith."

"Wrth gwrs ei fod e," meddai David a cherddded i ffwrdd yn anfodlon. "Dw i wedi trio fy ngorau, ond dych chi i gyd yn byw mewn byd ffantasi – pob un ohonoch chi!"

4

Gyrrodd David adref mor araf ag oedd yn bosibl. Roedd e'n gwybod y byddai Anne yno'n aros amdano fe, a fyddai hi ddim yn gwenu. Cerddodd i fyny'r grisiau a rhoi'r allwedd yn nrws y fflat. Tynnodd ei got e, a'i ddodi ar fachyn y tu ôl i'r drws. Os oedd hi wedi ei glywed e roedd hi'n ei anwybyddu fe. Sleifiodd e i mewn i'r tywyllwch. Roedd hi'n sefyll yn nrws yr ystafell wely yn aros amdano fe. Dododd hi'r golau ymlaen.

Roedd hi mor wahanol i'w chwaer. Roedd gwallt a llygaid Anne yn dywyll, lle roedd rhai Lisa yn olau ac yn welw ac roedd Lisa yn denau fel brwynen. Ond roedd un peth yn gyffredin rhyngddyn nhw – roedd David yn gwybod os oedden nhw eisiau rhywbeth, fydden nhw byth yn ildio, ac roedd Anne eisiau gwybod am Lisa heno.

"Wel, ddest ti o hyd iddi hi?" Ceisiodd e osgoi ei llygaid hi. Ceisiodd ei hanwybyddu hi'n gyfan gwbl. Aeth e heibio iddi hi ac i mewn i'r ystafell wely heb edrych arni, yna i'r ystafell ymolchi a dechrau rhedeg bath.

"Does dim byd gyda ti i'w ddweud wrtha i?" Eto, anwybyddodd e hi. "Wyt ti'n credu 'mod i ddim yn malio dim?" meddai hi. Roedd e wedi tynnu ei dei ac yn dechrau tynnu ei grys e. Roedd ei hwyneb hi wedi rhewi mewn gwg.

"Wyt ti'n clywed? Fy chwaer i yw hi. Dw i'n poeni amdani hi."

"Mae gyda ti ffordd ryfedd o ddangos hynny," meddai fe a throi'r radio ymlaen yn uchel.

"Dyna i gyd ti'n mynd i'w wneud?" gwaeddodd hi dros y sŵn, ond dechreuodd e gau'r drws arni hi "cael bath?"

"Syniad da, baswn i'n meddwl," meddai David a chau'r drws gyda chlep yn ei hwyneb hi.

5

Roedd y lleuad yn llawn. Roedd Lisa a Llew wedi ceisio gor-
wedd i lawr yn gyfforddus, ond dim ond hen garej oedd hwn ac
roedd mor oer. Ond roedden nhw'n lwcus i gael hyd yn oed
hwn. Crynodd Lisa. Ddiwedd mis Medi oedd hi, sut yn y byd
byddan nhw'n ymdopi pan fyddai'r gaeaf yn dod yn iawn? O
leiaf roedd Llew yn dawel nawr. Roedd Raz wedi diflannu awr
yn ôl gydag arian y ferch o'r clwb nos. Roedd Lisa yn aros, yn
gwrando ar bob sŵn. Yna clywodd hi rywbeth ac edrychodd
allan yn nerfus.

Roedd Raz yn sefyll yno yng ngolau'r lleuad llawn.

"Mae fel golau dydd!" meddai fe a throi o gwmpas sawl
gwaith, ei freichiau ar led. Roedd hi'n gwybod wrth edrych ar
ei lygaid e ei fod e wedi cymryd rhywbeth. Aeth hi i eistedd i
lawr ar y llawr. Roedd y ddaear yn llaith oddi tani ond doedd
hi ddim yn gwneud gwahaniaeth. Dododd hi ei hwyneb yn ei
dwylo hi. Roedd hi'n gwybod doedd hi ddim yn gallu byw fel
hyn yn hir.

Roedd hi'n gwybod beth oedd eisiau arni hi. Dim ond
ychydig o amser ar ei phen ei hunan oedd eisiau, heb orfod
poeni am neb na dim byd arall, mewn lle clyd. Amser i feddwl.
Amser i benderfynu beth i'w wneud nesaf, a sut i achub ei hun
o'i sefyllfa. Ac roedd hi'n chwilio am ateb. Roedd hi'n gwybod
bod ffordd allan iddi hi. Roedd hi eisiau byw, ond roedd hi'n
gwybod hefyd nad oedd digon o gryfder gyda hi. Roedd hi
wedi ceisio. Roedd hi wedi bod yn lân ers mis. Roedd hi'n
gwybod fod David ddim wedi haeddu'r ffordd roedd hi wedi
siarad â fe heno, ond pa ddewis oedd gyda hi? Roedd ofn arni
hi, cymaint o ofn. Meddyliodd, unwaith eto, y byddai mor
hawdd ddod â hyn i ben, ond roedd hi'n ofni marw. Doedd dim
ateb. Edrychodd hi i fyny. Roedd y glaw wedi cilio nawr a
chymylau arian yn croesi'r lleuad.

"Dere," meddai Raz a dal ei freichiau allan ati hi. Roedd e'n edrych fel ci bach brwdfrydig. Roedd ei wallt brown golau yn anniben, a doedd e ddim wedi siafio ers dyddiau ond roedd e'n edrych mor hardd, mor annwyl. Daeth hi ato fe a gafaelodd e hi'n dynn, gan wneud iddi hi deimlo'n ddiogel. Roedd ofn marw arni hi, ac roedd hi'n gwybod bod eisiau byw arni hi, ond petai Raz yn ei gadael hi . . .

"Dyn ni'n mynd i gyrraedd y lleuad!" meddai fe, ei lais e'n codi mewn hwyl mwy nag oedd yn naturiol. "Ti a fi, gyda'n gilydd! Flwyddyn i heddiw bydd popeth yn berffaith!" Roedd Lisa'n nodio ei phen fel petai hi wir yn ei gredu e y tro hwn. Doedd dim pwynt mewn dadlau.

"Beth gest ti?" gofynnodd hi, ac aeth e i mewn i'w boced a dangos iddi. Nodiodd hi. "Ble?"

"Rwyt ti'n gwybod, fan hyn a fan draw." Roedd e'n gwrthod dweud. Roedd hynny'n golygu un peth yn unig. Tynnodd hi ei chorff oddi wrtho fe.

"Mal, eto? Dywedais i wrthot ti, dw i ddim eisiau dim byd i'w wneud â fe byth eto."

"Dere," ceisiodd e glosio ati hi.

"Na, dw i ddim eisiau unrhywbeth oddi wrtho fe. Byth eto."

"Dw i ddim yn gwybod pam dwyt ti ddim yn ei hoffi fe, mae e wedi bod yn dda i ni. Mae hwnna i ti," ceisiodd e wthio pecyn bach i mewn i'w llaw hi, ond symudodd hi i ffwrdd yn sydyn. "Mae hwnna i ti, am ddim, oddi wrtho fe."

"Dw i ddim eisiau unrhywbeth sy'n dod oddi wrth Mal, yn enwedig rhywbeth am ddim! Does dim byd i'w gael am ddim oddi wrtho fe!"

Ond y noson honno, ym mreichiau Raz yn yr hen garej oer, a'r cyffur yn rhuthro o gwmpas ei chorff hi, closiodd hi'n agos ato a thyngu llw i'w hunan mai hwn fyddai'r tro olaf. Byth.

6

Pan ddihunodd Raz y bore wedyn roedd e'n oer, yn wlyb ac yn brifo drosto. Estynnodd ei fraich er mwyn cyffwrdd â Lisa, ond roedd hi wedi mynd. Am eiliad oer, erchyll roedd e wedi credu ei bod hi wedi gadael, wedi ei adael e am byth a fyddai hi byth yn dod yn ôl. Ond yna gwelodd e hi. Daeth hi draw ato fe a chyffwrdd â'i fraich e yn dyner, ond roedd hyd yn oed hynny'n brifo.

hideous

"Dw i'n teimlo mor wael," meddai fe. "Mae rhaid i fi wneud rhywbeth heddiw, mynd allan i weithio." Deallodd e'r crych anhyfryd ar ei hwyneb hi. Roedd hi'n gwybod yn iawn beth oedd *gweithio* yn ei olygu – dwyn eto. Roedd hi wedi gwneud digon ohono fe hefyd yn ystod y flwyddyn ddiwethaf, ond doedd hi ddim wedi cael ei dal. Roedd rhestr faith o droseddau gyda Raz yn barod, ac roedd e wedi bod yn y carchar ddwywaith. Roedd e'n cymryd risg bob dydd o gael ei ddal eto. Ond pa ddewis oedd gyda fe? Rhaid iddo fe gael ei gyflenwad e.

supply

Byddai fe'n dwyn dillad fel arfer, er ei fod e ddim yn gallu gwerthu dillad y siopau mawr, lle roedd yn haws dwyn, am hyd yn oed hanner eu pris nhw. Agorodd Lisa'r sip bach ym mhoced ei jîns a thynnu allan dau ddarn o arian papur. Roedden nhw'n edrych fel hen ddail crin. Roedd e'n crynu.

"Dyma ni," meddai hi, "cer â'r rhain. Fydd dim rhaid i ti weithio heddiw wedyn." Oedodd e am ennyd cyn cymryd y papurau, fel petai e ddim yn credu'r hyn oedd o'i flaen e. Oedd e'n dal i gysgu?

"Ble cest ti nhw?" meddai fe. "O'n nhw gyda ti neithiwr?" Ond cymerodd nhw er gwaethaf unrhyw amheuon.

"Bag fy chwaer i," meddai hi. "Ond dw i ddim yn gallu ei wneud e llawer mwy, mae hi'n gwybod yn barod."

Edrychodd e o'i gwmpas, ar yr hen garej oer, at ei ddillad

llwm ei hunan, at Lisa. Roedd hi'n dawel iawn nawr. Edrychodd e yn ei hwyneb hi a gobeithio gweld awgrym o'i meddyliau hi, ond roedd hi'n cuddio popeth, fel roedd hi bob amser yn ei wneud.

"Mae Llew wedi mynd," dywedodd hi. Doedd dim pryder yn ei hwyneb hi o gwbl, roedd hi, fel yntau, yn adnabod Llew yn rhy dda. Byddai fe'n troi i fyny eto rywbryd, pryd roedd yn ei siwtio fe. Atebodd Raz ddim ond gwyliodd wyneb Lisa. Edrychodd hi arno fe, o gwmpas y garej llaith, oer, ac yn ôl ato fe eto. Plygodd hi i lawr a gafael ynddo fe. Ochneidiodd Raz wrth deimlo ei dwylo hi'n dwym ar ei groen oer e. Dechreuodd e deimlo'n well wrth iddi <u>anwesu</u> ei ben e a'i ddal e'n agos ati hi. *fondle*

"Paid â 'ngadael i," meddai fe'n wan. "Addo i fi wnei di fyth fy ngadael i." Cododd hithau. Roedd hi wedi gwneud penderfyniad.

"Ble wyt ti'n mynd?" gofynnodd e.

"Dyn ni ddim ym mynd i dreulio un noson arall yn y twll hwn," meddai hi. "Dw i'n mynd i wneud popeth yn iawn," yna syllodd ar yr arian roedd Raz yn ei ddal yn fud.

"Fydd hynny'n ddigon? Digon i gael rhywbeth i ni?" Nodiodd e a gwenu. "Wel, cer di i gael digon i'r ddau ohonon ni, ac af fi i wneud yn siŵr byddwn ni'n iawn fory."

7

Roedd Anne yn teimlo'n euog am siarad yn fyrbwyll y noson gynt, ond doedd hi ddim yn deall pam roedd ei gŵr hi'n cefnogi Lisa drwy'r amser. Doedd e ddim wedi gorfod byw gyda hi am bron ugain mlynedd, a nawr doedd eu rhieni nhw ddim eisiau hi roedd hi wedi dod fan hyn, ati hi a David, heb rybudd, heb ofyn. Doedd hynny ddim yn deg. Roedd hi, Anne, wedi ceisio creu bywyd i'w hunan yma. Daliodd ei hadlewyrchiad hi mewn ffenest siop. Pryd dechreuodd hi edrych mor hen? Roedd dwy linell fach rhwng ei haeliau hi. Pryd daeth y rheiny? Roedd ei gwallt hi'n dywyll, ond gwyrodd ymlaen ac edrych am y llwyd a fyddai yno cyn hir. Roedd hi'n gweithio'n galed yn y swyddfa 'na, ac i beth? Er mwyn cadw rhywun fel Lisa, oedd yn mynnu byw yn ddigywilydd ar bawb arall. Doedd hi ddim yn gwybod ble roedd David. Roedd e'n dweud ei fod e yn y gwaith, ond roedd hi'n amau hynny. Roedd e wedi cau ei hunan oddi wrthi hi, ac oddi wrth bawb. Roedden nhw wedi bod yn briod ers pum mlynedd. Ar y dechrau, heb Lisa, roedd pethau'n iawn, ond ers iddi hi ymddangos eto doedd Anne ddim yn gallu cystadlu. Ond doedd dim amser i boeni am hyn, rhaid iddi orffen y siopa.

Pan ddaeth Lisa at y fflat roedd Anne yn ceisio cario bagiau plastig archfarchnad i fyny'r grisiau. Chafodd hi ddim *shwmae* na *bore da* na dim byd. Edrychodd Anne ar Lisa o'i chorun i'w sawdl, wedyn troi oddi wrthi hi'n fud.

"Y lleia allet ti ei wneud ydy helpu fi gyda'r bagiau," meddai hi'n sur. Roedd y crych rhwng ei haeliau yn ddyfnach y bore hwn. Gafaelodd Lisa'n fud yn un o'r bagiau. "Wel, wyt ti'n falch fod ti wedi ein cael ni i gyd yn rhedeg o gwmpas bob awr o'r nos yn chwilio amdanat ti?"

"Do'n i ddim ar goll," meddai Lisa, "doedd dim rhaid i chi fynd i chwilio amdana i."

Llanwodd Anne y tegell a'i roi i ferwi, yna dadbaciodd hi'r bagiau mewn distawrwydd. Eisteddodd Lisa wrth ford y gegin yn ei gwylio hi.

"Rwyt ti eisiau arian eto, on'd wyt ti," meddai Anne wrth roi blwch o fagiau te yn y cwpwrdd, "paid â gwadu hynny. Dyna'r unig reswm ti'n dod yma. A beth am yr hanner can punt gest ti o mhwrs i ddoe? Ydw," trodd i'w hwynebu hi, "dw i'n gwybod. Paid â meddwl 'mod i ddim yn sylwi. A na, ddywedais i ddim wrth David. A tra ein bod ni wrthi, beth yw'r gêm ti'n chwarae gyda 'ngŵr i? Mae fe'n meddwl fod ti'n angel, ond rwyt ti a fi'n gwybod yn well, on'd yn ni!"

"Mae teimladau gyda fe, dyna'r gwahaniaeth rhyngoch chi."

"Teimladau?" poerodd y geiriau at ei chwaer. Wedyn oedodd hi. Roedd y tegell ar ferwi. Roedd bord y gegin yn llawn o duniau a phacedi. Gorfododd Anne ei hun i anadlu'n ddwfn a rheoli ei thymer hi. Doedd hi ddim eisiau i Lisa redeg i ffwrdd eto, roedd hi wedi addo i'w gŵr hi.

"Awn ni i mewn i'r lolfa," meddai hi, ei llais wedi ei feddalu tipyn. "Cer di o flaen y tân a thwymo dy hunan. Rwyt ti'n edrych mor oer. Ble mae dy got di?"

"Collais i hi," meddai Lisa. Rholiodd Anne ei llygaid i fyny at y nenfwd. Wrth iddi hi fynd yn ôl i'r gegin gwyliodd Anne wrth i Lisa giledrych ar ei bag. Gafaelodd Anne yn y bag yn gyflym a mynd â fe gyda hi at y tegell. Cerddodd Lisa allan o'r gegin gyda gwên.

Gwnaeth Lisa ei hun yn gyfforddus o flaen y tân. Roedd ei chynllun yn glir yn ei meddwl hi. Os doedd David ddim yn mynd i'w helpu hi, byddai rhaid iddi hi helpu ei hunan. Cododd Lisa, yn ceisio bod yn ddistaw iawn, a dechrau sleifio i mewn i'r cyntedd. Roedd hi'n gwybod bod y blwch allweddi yno, petai hi ond yn gallu ei agor a chael yr allwedd . . .

"Te neu goffi?" gwaeddodd llais ei chwaer hi o'r gegin. Neidiodd Lisa wrth ei chlywed hi. Roedd hi bron wedi cyrraedd y blwch allweddi erbyn hyn. Rhuthrodd yn ôl i'r lolfa. Roedd Anne yn dal yn y gegin.

"Wyt ti'n gwbod beth rwy'n ei ffansïo?" meddai Lisa, yn

meddwl yn gyflym, "y te camomeil hyfryd 'na – wyt ti'n meddwl gallet ti wneud peth i fi?"

"Iawn," meddai ei chwaer gydag ochenaid, "mae'n rhywle yn un o'r cypyrddau 'ma – pum munud, reit?"

"Perffaith," meddai Lisa, a cherddodd yn dawel yn ôl i mewn i'r cyntedd. Clywodd hi'r tegell yn berwi eto. Byseddodd hi'r blwch allweddi. Teimlodd am ochr y drws. Doedd y blwch ddim wedi ei gloi. Agorodd hi'r drws yn ofalus, heb sŵn. Roedd rhyw saith allwedd yno, ond gan fod y ddau yma mor drefnus fyddai hyn ddim yn anodd. Edrychodd a gweld enw'r tŷ – *Nant Fechan*. Roedd dwy allwedd ar ddolen ledr. Tynnodd hi'r allweddi yn ofalus a'u rhoi nhw i lawr ei mynwes hi. Teimlodd y metel yn oer yn erbyn ei chroen hi.

"Barod," meddai Anne. Caeodd Lisa ddrws y blwch allweddi yn sydyn.

"Beth wyt ti'n ei wneud mas fan'na?"

"Dim byd – edrych ar dy bapur wal newydd."

"Dere i gael rhywbeth i fwyta."

Cyn iddi fynd stwffiodd Anne ugain punt yn ei llaw hi.

"Plîs paid â gwario hwnna ar gyffuriau," meddai hi. "Pryna fwyd i dy hunan am unwaith."

8

A dyna'r hyn wnaeth Lisa, gwario'r arian ar fwyd – ond digon i
ddau. Daeth hi yn ôl i'r garej awr yn ddiweddarach. Daeth hi'n
ofalus, rhag ofn bod rhywun arall yno. Roedd ei sach gysgu hi
yn dal yn bendramwnwgl yno. Yna clywodd hi sŵn a sythodd
hi, ond ymlaciodd wrth weld mai Raz oedd yn cerdded yn
gyflym tuag ati. Roedd e'n edrych cymaint yn well ac roedd
hi'n gwybod ei fod e wedi llwyddo i gael rhywbeth. Gwelodd e
ei hamheuaeth hi.

"Paid â phoeni," meddai fe. "Mae digon gyda fi i ti." _craving_

Doedd hi ddim yn teimlo eisiau fe eto, yr ysu, y tynnu drwy
ei gwythiennau hi i gyd. Ond roedd hi'n gwybod y byddai'n
dod, ac roedd y disgwyl bron mor wael â'r teimlad ei hunan.
Roedd hi bob amser yn ofni hynny. Roedd hi'n gwybod byddai
hi'n teimlo'r ysu eto, oriau yn ddiweddarach. A byddai dim byd
i'w fodloni y tro hwnnw. Ond nawr, nawr roedd hi'n gallu
dweud wrthi hi ei hunan bod dim eisiau rhagor arni hi, bod hi
ddim yn mynd i gymryd dim byd rhagor byth eto. Roedd hi'n
teimlo'n gryf, ond roedd hi'n gwybod ymhen rhai oriau bydd-
ai'r byd i gyd yn diflannu o'i chwmpas hi, gan adael yr unig
beth pwysig. Yr angen.

"Rho fe i fi," meddai hi. Roedd rhaid iddi ei gael e yn ei llaw
hi, er mwyn sicrwydd, ei deimlo yn ei phoced hi. Dododd hi ei
llaw i mewn i'w boced e a thynnu'r pecyn bach allan. Teimlodd
hi rywbeth arall hefyd. Agorodd hi ei llaw a gweld cerdyn bach
wedi ei blygu sawl gwaith. Roedd yn amlwg ei fod wedi bod yn
ei boced e ers talwm.

"Beth yw hwn?" gofynnodd hi.

"Dim byd," meddai Raz yn gyflym a'i gydio oddi wrthi.

"*Hafan*. Beth yw *Hafan*?"

"Dim byd," meddai fe.

Roedd ei frawd e wedi ymbil â fe i fynd i'r ganolfan breifat yng Nghaerdydd. Roedd ei frawd e wedi addo talu. Ond doedd Raz ddim eisiau <u>cardod cyfalafwyr</u> fel ei frawd e. Pobl oedd eisiau iddo fe gydymffurfio. *capital / financial charity*

Rehab. Blydi *rehab*. Fyddai hyn ddim yn gweithio beth bynnag. Beth allai unrhywun ei wneud i'w helpu fe beth bynnag? A pham byddai unrhywun eisiau?

Agorodd Lisa'r bwyd. "Bwyta hwn."

Roedd hi bron â llwgu, ond doedd hi ddim wedi cyfaddef hynny wrth ei chwaer hi. Roedd wedi cymryd ei holl hunan-feddiant hi i beidio â bwyta pob brechdan a theisen ar y plât bach ffansi roedd Anne wedi'i roi o'u blaenau nhw y prynhawn hwnnw. Ond wrth iddi hi fwyta'n awchus sylwodd fod Raz ddim yn bwyta o gwbl a'i fod e wedi dechrau syllu'n fud o'i gwmpas e.

"Beth sy'n bod?" meddai Lisa. Pan atebodd e ddim, gwthiodd hi ei llaw i mewn i'w mynwes hi. "Byddwn ni'n iawn am heno," meddai hi.

"Wyt ti wedi ffindo lle arall? Gyda ffrind?"

"Gwell na hynny," meddai hi. Gwyliodd e wrth iddi hi deimlo i lawr i'w mynwes, yna ailymddangosodd ei llaw ag allweddi arian sgleiniog ynddi.

"Tŷ. Tŷ iawn i ni'n hunain . . . nid sgwat . . . tŷ iawn . . . dim ond i ni!" Roedd golwg fuddugoliaethus ar ei hwyneb hi. Dechreuodd e chwerthin, a gafaelodd e yn yr allweddi.

Ymlaciodd Lisa. Byddan nhw'n iawn nawr. Am y tro.

9

"Pa mor bell eto?" gofynnodd Raz. Roedd hi'n dechrau tywyllu. Roedden nhw wedi bod yn cerdded am dros hanner awr, yn dilyn yr afon allan o'r ddinas.

"Does dim syniad gyda fi," meddai Lisa. "Dw i heb fod yma o'r blaen, a do'n i ddim yn gallu gofyn am gyfarwyddiadau, o'n i?"

"Chest ti ddim caniatâd?"

"Ac mae hynny'n dy boeni di?"

Roedd Raz yn gwybod ei fod e'n edrych yn bryderus, ac roedd e *yn* bryderus, ond nid achos bod dim hawl gyda nhw fod yn y tŷ. Roedd e wedi cysgu mewn llawer o fannau ers colli ei fflat e flwyddyn e ôl, weithiau gyda chaniatâd, weithiau hebddo. Doedd dim gwahaniaeth gyda fe, ond roedd e'n poeni amdani hi, am y cwmni roedd hi'n ei gadw. Roedd ei heisiau hi arno fe, a doedd e ddim yn gallu meddwl am fywyd hebddi hi nawr. Rhaid ei chadw hi wrth ei ochr, a rhaid ei chadw hi'n ddiogel, a doedd e ddim yn hoffi David Hayes.

"Bydd yn ofalus," meddai fe wrthi hi, "dw i'n gwybod beth mae dynion fel dy frawd-yng-nghyfraith di eisiau, dw i wedi gweld ei fath e o'r blaen."

"Paid â phoeni amdana i."

"Dw i ddim yn poeni amdanat ti!" meddai fe'n chwareus, a rhoi ei fraich o gwmpas ei gwasg hi. Roedd e'n teimlo'n well yn barod, ac roedd gwybod bod gyda nhw rywle clyd i gysgu heno yn gwneud gwahaniaeth. Doedd e ddim yn gwybod faint rhagor byddai fe'n gallu cysgu allan yn yr awyr agored. Roedd e'n synnu fod e wedi gallu ei wneud mor hir heb gael niwmonia eto. Fyddai dim gobaith iddo fe wedyn. Roedden nhw'n mynd â chi i'r ysbyty ac yn eich cael chi'n ddigon iach i gerdded allan drwy'r drws ac wedyn byddwch chi yn ôl ar y stryd. Neb yn malio dim; dim help i'w gael. Doedd dim ots gyda neb – fel y ffasgiaid oedd wedi ei daflu fe allan o'i fflat e. Ble oedd yr help roedd hawl ganddo ei gael mewn gwlad ddiwylliedig? Roedd rhestr aros hir i fynd ar *rehab*. Beth oedd e i fod i wneud yn y cyfamser? Breuddwyd oedd meddwl am gael swydd, ffantasi pur oedd gallu talu rhent.

cultural

Un darn ar y tro roedd popeth yn ei fflat bach e wedi diflannu, y celfi i gyd, yr oergell, ac wedyn gwerthodd e'r stôf. Pan doedd dim byd ar ôl i'w werthu caeodd e'r drws am y tro olaf a cherddodd i ffwrdd. Ar wahân i fis neu ddau yn y carchar roedd e wedi cysgu unrhywle roedd e'n gallu ers hynny. Cysgodd e ar loriau ffrindiau i ddechrau, yn symud o un soffa ac un llawr i un arall am dros flwyddyn, ond roedd terfyn ar amynedd hyd yn oed y ffrindiau gorau, ac roedd e wedi bod ar ei ben ei hunan nes i'r ferch hon ddod i mewn i'w fywyd e. Roedd e'n gwybod ei fod e'n ddrwg iddi hi. Edrychodd e arni hi. Doedd hi ddim wedi bod ar y stwff yn hir, roedd cyfle gyda hi, un da i drechu'r stwff yn gyfan gwbl a dechrau bywyd newydd. Doedd hi ddim eisiau diweddu ei bywyd hi fel fe. Ar ôl chwe mis arall ar y stryd fel hyn roedd e'n gwybod fyddai dim gobaith iddi hi. Roedd e eisiau ei gweld hi'n gadael y bywyd hwn, ond eto i gyd, roedd ei eisiau hi arno fe. Hunanol, ond dyna fe. Ac roedd hi'n dod â bwyd iddo fe, ac arian, a nawr dyma hi wedi dod o hyd i lety. Gwasgodd e yn dynnach yn ei gwasg hi. Ymatebodd hi drwy glosio ato fe a gwenu. Oedd, roedd hi'n angel a oedd wedi ei anfon i'w warchod e.

"Wyt ti'n credu ein bod ni'n agos at y tŷ?" gofynnodd e.

Ar ôl cerdded am ryw bum munud oddi ar y brif ffordd a'r ddau yn fyr o wynt daethon nhw at ddiwedd yr heol. Roedd lôn fach yn arwain i'r chwith. Edrychodd y ddau ar ei gilydd a dechrau i lawr y lôn honno. Ar ôl tipyn daethon nhw at hen dŷ, ar ei ben ei hun wrth gefn rhes o dai teras ar lan yr afon. Gwelodd Lisa olau o'r tŷ agosaf, a chysgod rhywun yn symud y tu mewn.

"Rownd y cefn," meddai Raz yn reddfol, a sleifio y tu ôl i'r coed gan obeithio bod neb wedi eu gweld nhw. Ond doedd neb o gwmpas. Roedd min nos wedi troi'n dywyllwch yn sydyn iawn. "Gad i fi fynd gynta," meddai fe, ac ar ôl iddo fe chwilio o gwmpas y lle i gyd a bodloni ei hun doedd neb o gwmpas aeth at y drws cefn. Roedd ffenest fach wydr ynddo. Byseddodd Raz y gwydr yn ofalus. Roedd Lisa'n gwybod beth oedd ar ei feddwl e.

"Does dim rhaid," meddai hi yn dawel. Roedd hi hefyd yn poeni y byddai rhywun yn eu clywed nhw. Gwthiodd hi fe naill ochr yn ysgafn, a dododd hi un o'r allweddi yn ofalus yn y drws. Trodd yr allwedd yn y clo fel menyn. Gwthiodd hi a siglodd y drws ar agor yn hwylus. Clywodd Raz ryw sŵn siffrwd neu sibrwd wrth i'r drws agor.

"Glywaist ti hynny?" gofynnodd e iddi.

"Beth?"

"Sŵn rhyfedd."

"Beth sy'n bod arnat ti? Dim ond sŵn y drws yn agor oedd hynny."

Teimlodd Raz ei hun yn cochi. Ond roedd e'n dechrau teimlo'n oer, roedd gwynt milain yn codi o'r afon y tu ôl iddyn nhw. Aeth e i mewn yn ofalus.

Roedd y tŷ yn dywyll. Estynnodd Lisa am y swits golau. Goleuwyd y gegin gyfan yn sydyn.

"Na!" meddai Raz, a neidio ar y swits a diffodd y golau. Yn sydyn roedd y tŷ mewn tywyllwch eto. Doedd hi ddim yn gallu ei weld e, ond teimlodd Lisa ei anadl e ar ei hwyneb hi wrth iddo fe ddweud, "Does neb yn gwybod ein bod ni yma. *Fydd* neb yn gwybod ein bod ni yma."

"Iawn," atebodd Lisa mewn sibrwd.

Goleuodd Raz fatsen a daeth Lisa o hyd i gannwyll mewn drâr yn y gegin. Mynnodd Raz fynd yn gyntaf, a chrwydrodd y ddau o gwmpas y tŷ o un ystafell i'r llall. Yn yr hanner gwyll cerddon nhw'n araf drwy'r ystafell fyw, a thrwy'r ystafell honno i lolfa arall. Drwy'r drws hwnnw, a dyma nhw mewn cyntedd hir, drws y ffrynt ar un ochr iddyn nhw, a gwaelod y grisiau ar yr ochr arall. Dododd Raz ei law dros y fflam. Yng nghysgodion y golau gwan roedd hi'n anodd gweld. Y tu mewn

roedd y lle yn dwt ac wedi ei addurno mewn ffordd dra-
ddodiadol. Hoeliwyd sylw Raz yn arbennig gan y lle tân
enfawr yn yr ystafell ffrynt a'r hyn oedd uwch ei ben – pedwar
cleddyf mawr wedi eu trefnu'n daclus. Roedden nhw'n edrych
yn finiog. Roedd chwaeth rhai pobl yn rhyfedd, meddyliodd
Raz a dilyn Lisa drwy'r tŷ.

"Does neb o gwmpas," meddai Lisa yn gefnogol, "dere i edrych
lan llofft."

"Na," meddai fe, ei lais e'n dawel, yn wan. Teimlodd mor
dwp am swnio mor wan, ond doedd e ddim eisiau bod yma.
Doedd e ddim yn gallu esbonio, ond doedd e ddim eisiau mynd
i mewn ar y dechrau, a nawr doedd e ddim eisiau aros.

"Beth sy'n bod?" meddai Lisa. Wrth edrych arni hi roedd e'n
teimlo mwy o gywilydd. Roedd ofn arno fe, tra bod y ferch
ifanc, ddiniwed hon yn cerdded i mewn heb feddwl ddwy-
waith. "Mae'n iawn," meddai hi. "Does neb yma." Nodiodd e ei
ben e, a'i dilyn hi, ond yn anfodolon.

Cerddodd Lisa at y grisiau. Taflodd fflam y gannwyll gysgod-
ion rhyfedd ar draws y waliau, ond dim ond cysgodion oedden
nhw. Doedd Raz ddim yn gwybod pam roedd e'n teimlo mor
nerfus. Gadawodd e iddi hi fynd yn gyntaf i fyny'r grisiau.

"Ble mae'r perchennog?" gofynnodd e wrth Lisa, dim ond i
glywed ei lais e ei hun yn atsain yn y lle. Camodd hi i mewn i
un o'r ystafelloedd gwely. Arhosodd e y tu allan. Roedd awyr-
gylch oer yn yr ystafell hon, rhyw gysgodion rhyfedd dros y
wal.

"Yn Awstralia am y gaeaf, yn gweithio."

"Pryd mae fe'n dod nôl?"

"Mis Chwefror."

"Mae hynny'n dda. Oes unrhywun yn dod i'r lle?"

"Gadawodd e'r allweddi gyda David. Dim ond fe, dw i'n
credu."

"Wel, gwnawn ni'n siŵr ein bod ni ddim yma pryd mae fe'n
ymweld. Rwyt ti'n gwbod pryd mae fe'n dod, on'd wyt ti?"

"Dim syniad," meddai hi, yn hwyliog. Ochneidiodd e. Trodd
Lisa ato fe. "Beth sy'n bod arnat ti? Dyn ni wedi torri mewn i

lefydd 'da'n gilydd o'r blaen, a dyma'r tro cynta rwyt ti wedi bod mor nerfus â hyn." Agorodd hi ddrws un ystafell yn llawn. Ystafell fach oedd hi, ond ag un gwely mawr yn ei chanol yn llenwi'r ystafell bron. Safodd e wrth y drws. "Dw i'n mynd i gysgu fan hyn," datganodd hi'n hyderus.

"Cysga i lawr stâr," meddai fe. "Paid â rhoi'r golau ymlaen." Gadawodd e'r gannwyll gyda hi. Gwyliodd e wrth iddi orwedd yn ofalus ar y gwely. Gafaelodd hi mewn clustog a'i stwffio o dan ei phen hi. Suddodd hi i mewn i'r matres meddal yn ddidhid. Roedd hi'n edrych mor llonydd, a gwelodd Raz ryw heddwch perffaith ar ei hwyneb hi, rhyw fodlondeb roedd hi wedi dweud wrtho fe fyddai'n amhosibl iddi hi fwyach.

"Dere fan hyn," roedd hi'n sibrwd yn gysglyd, ei breichiau a'i choesau ar led ar y gwely, ei llygaid yn ei wahodd e, ". . . ata i." Yn anfodlon, daeth e drwy'r ystafell at y gwely. Oedd hi'n gwybod beth oedd hi'n wneud iddo fe? Cofiodd y tro cyntaf iddo fe ei gweld hi, yn fflat Mal, y prynhawn gwlyb hwnnw o Fai, a hithau'n aros am ffics. Meddyliodd ar y pryd ei bod hi'n edrych yn rhy ifanc, llawer rhy ifanc am fasnach Mal. A nawr roedd hi yno, gyda fe, yn ei wahodd e, yn ei wahodd e i gyffwrdd â hi. Eisteddodd wrth ei hymyl hi a dechrau anwesu ei gwallt hi. Dododd hi ei dwylo am ei ben e a dechrau ei dynnu e i lawr arni. Roedd e'n teimlo mor wych yn sydyn, fel yn y dyddiau cyn iddo fe gael ei gyffur cyntaf. Agorodd e ei geg a cheisio ei chusanu hi. Roedd ei gwefusau hi'n teimlo'n felys, ond yna clywodd e sŵn.

"Glywaist ti hynny?" sibrydodd e'n gras. "Rhaid dy fod ti wedi clywed hynny." Roedd e wedi rhewi. Ac roedd rhywun arall yn y tŷ, roedd e'n siŵr o hynny, roedd e wedi clywed rhywun yn symud.

"Beth?" meddai hi.

"Does bosib fod ti ddim wedi clywed hynny!" sibrydodd Raz mewn panig. Roedd e'n gwybod beth oedd e wedi ei glywed – drws y ffrynt yn agor ac yn cau yn drwm, a rhywun yn symud pethau o gwmpas. Disgrifiodd e hyn wrth Lisa.

"Aros fan hyn," meddai Raz, a mynd allan yn ofalus.

31

"Does neb yn gwybod bod ni yma," sibrydodd Lisa.

"Aros!" sibrydodd e'n gras yn ôl ati hi.

"Paid â mynd," sibrydodd hi yn ôl ato fe, "mae'n well cuddio lan fan hyn!"

"Aros fan hyn – ac os ddof i ddim nôl, cuddia dan y gwely nes bod pawb wedi mynd."

Sleifiodd Raz i lawr y grisiau. Roedd e'n gwybod beth oedd e wedi ei glywed. Roedd rhywun arall yn y tŷ, ond doedd neb arall wedi rhoi'r golau ymlaen. Os oedd rhywun arall eisiau ei ddefnyddio fel sgwat roedd e'n bwriadu dangos i bwy bynnag oedd yno mai fe oedd wedi dod yma gyntaf. Trodd e ddolen y drws ffrynt, yn teimlo'n hapusach nawr roedd e ar y llawr gwaelod eto, ond dim ond ychydig. Roedd y drws ffrynt yn dal ar glo. Edrychodd e o un ochr y gegin i'r llall, ond doedd neb yno. Wedyn ceisiodd e'r drws cefn, roedd ar glo hefyd fel roedd Lisa wedi ei adael. Cerddodd e drwy'r ystafelloedd eraill, a throi'r ddolen ym mhob drws. Galwodd ar Lisa o waelod y grisiau. Doedd e ddim eisiau mynd i fyny'r grisiau, doedd e ddim yn bwriadu mynd i fyny yno byth eto. Doedd e ddim yn bwriadu aros yn y lle hwn yn fwy nag oedd rhaid. Roedd yr holl le yn teimlo'n anghysurus iddo, ac er ei fod e ddim yn deall hyn roedd fel petai'r tŷ ddim eisiau iddyn nhw fod yno. Dywedodd e hynny wrth Lisa ar ôl iddi hi ei ddilyn e i lawr y grisiau, ond chwarddodd hi.

"Wel o leia mae'n glyd, mae'n gynnes," meddai hi, a gwyliodd hi wrth olau cannwyll wrth iddo fe baratoi eu ffics mewn llwy ar gylchoedd trydan y stôf. O flaen tân y lolfa gadawodd iddi ei <u>chwistrellu</u> fe yn ei wddf. Siaradon nhw am dipyn, ac wedyn gwelodd hi ei lygaid e'n rholio i fyny, ac roedd hi'n gwybod fyddai hi ddim yn hir ar ei ôl e.

10

Bore Dydd Sul oedd hi. Roedd Anne wedi bod yn dawel iawn drwy'r brecwast i gyd. Ddywedodd David ddim chwaith. Yna cododd e, ac wrth y drws dywedodd:

"Dw i'n mynd i dŷ Steffan."

"Est ti ddoe. Does bosib fod e'n bwriadu i ti fynd bob dydd. Mae fe'n cymryd mantais. Dylai fe dy dalu di i wneud hynny," meddai Anne, yn gwneud sŵn mawr wrth gasglu'r llestri brwnt. Anwybyddodd David hi. Edrychodd e ar yr allweddi yn y blwch. Edrychodd e ddwywaith. Heb droi, dywedodd David:

"Alwodd rhywun yma – ddoe?" Roedd e'n gwybod fyddai ei wraig e byth yn cyffwrdd yn yr allweddi, ddim heb ddweud wrtho fe beth bynnag.

"Daeth Lisa, yn edrych am arian." Anadlodd e â rhyddhad. Os mai hi oedd â'r allweddi, er ei fod e ddim eisiau iddi hi fod yno, roedd e'n gwybod y byddai'r lle yn ddiogel. Daeth Anne allan o'r ystafell, a ffugiodd e fynd â'r allweddi o'r cwpwrdd a'u rhoi nhw yn ei boced e.

"Dw i ddim yn gallu gwneud unrhywbeth gyda hi," edrychodd Anne arno fe, yn ymbil am ateb oddi wrtho fe "Alla i ddim ymdopi â hi mwyach. Beth os yw hi'n gadael cyffuriau o gwmpas y lle? Beth fydd yn digwydd petai'r heddlu'n dod yma? Beth fyddai'n sefyllfa ni?"

"Paid," meddai fe, yn ceisio ei hymdawelu hi. "Fydda i ddim yn hir," ychwanegodd e cyn mynd a'i chusanu hi'n oer.

11

Roedd yr haul wedi codi ar *Nant Fechan*. Roedd Lisa wedi cysgu'n braf ac wedi dihuno yn y gwely clyd. Mynnodd Raz gysgu i lawr stâr – er diogelwch, dywedodd e. Byddai fe'n gallu clywed unrhywun yn ceisio dod i mewn i'r tŷ.

Roedd e wedi cael noson arw yno. Breuddwydion rhyfedd. Roedd golau gwyn yn llenwi'r ystafell. Yna daeth y ferch hon ato fe, merch bert tua tair ar ddeg mlwydd oed yn gwisgo gwyn i gyd. Roedd hi mor soled roedd e wedi meddwl ei bod hi'n real. Roedd hi'n llefain ac yn ymbil arno fe am help. Roedd e'n gallu ei chlywed hi'n llefain bob hyn a hyn drwy'r nos. Siglodd e ei hun er mwyn cael gwared â'r atgof.

Doedd dim bwyd yn y tŷ. Rhannodd Lisa weddill yr arian rhyngddyn nhw a gwthio Raz allan o'r drws.

"Cer i weithio," meddai hi. "Dere â rhywbeth nôl. Gwnaf i'n siŵr bod bwyd gyda ni."

Roedd hi ar ei ffordd allan, ac roedd hi newydd gloi'r drws pan glywodd hi sŵn car ar y lôn. Doedd dim digon o amser gyda hi i guddio. Roedd David yno, yn sefyll o'i blaen hi.

"Yr allweddi," meddai fe, yn dal ei law allan. Roedd e mor grac, doedd hi erioed wedi ei weld e mor grac â hynny o'r blaen. Roedd ei wyneb e'n dechrau cochi.

"Beth wyt ti'n mynd i wneud â fi?"

"Rwyt ti'n mynd i roi'r allweddi i fi, wedyn dw i'n mynd â ti adre!"

12

Roedd e'n ffŵl. Roedd Lisa'n gwybod bod David yn ffŵl. Roedd e'n gwybod y byddai hi'n edrych ar ôl y tŷ, a fyddai neb yn gwybod ei bod hi yno, felly pam roedd rhaid iddo ddifetha popeth? Anne oedd wedi gwneud hyn. Jest fel hi i wneud cawl o bethau.

Ochneidiodd Lisa. Roedd e wedi ei rhoi hi yn y car yn ddiseremoni. Nawr trodd ei hwyneb hi oddi wrth David a gwylio'r strydoedd yn mynd heibio o ffenest y car. Wrth iddyn nhw ddod i mewn i ganol y ddinas dechreuodd y traffig arafu.

Roedd Lisa'n teimlo mor grac, ond yn siomedig hefyd. Bai Anne oedd hyn. Roedd hi wedi credu bod David yn gryfach na hynny, a fyddai fe ddim yn gadael i Anne reoli ei fywyd e. Roedd e'n wan. Rhaid i Lisa dderbyn hynny. Fyddai fe ddim yn ei helpu hi. Felly, rhesymodd Lisa, nawr byddai rhaid iddi ymdopi ar ei phen ei hunan. Roedd e eisiau ei gyrru hi yn ôl i'w fflat e. Ond i beth? I gael stŵr arall gan ei chwaer hi? Nid ei eiddo fe mohoni hi. Doedd hi ddim yn perthyn iddo fe. Roedd e'n ymddwyn fel petai hi'n garcharor iddo fe, ond doedd hi ddim. Roedd hi'n annibynnol, roedd hi'n perthyn i neb ond hi ei hunan.

Arhosodd hi nes iddo fe stopio'r car wrth y goleuadau yng nghanol y ddinas. Yna agorodd hi'r drws a rhedeg allan. Yn syml ac yn hawdd. Cyn diflannu i'r dorf o siopwyr Dydd Sul edrychodd hi yn ôl. Roedd e'n edrych yn bryderus yn ôl ati hi drwy ffenest y car, ond gyrrodd e ymlaen pan newidiodd y goleuadau. Roedd hi'n gwybod fyddai fe ddim yn dal y traffig i fyny drwy stopio i redeg ar ei hôl hi. Gwyliodd Lisa am dipyn, wedyn cerddodd hi'n hyderus i fyny'r Stryd Fawr. Roedd hi'n anelu at y *Cabin*. Roedd bob amser rhywun roedd hi'n nabod yno, ond y tro hwn gwelodd hi olygfa i godi ei chalon hi. Roedd

Llew yn eistedd yn ffenest y caffi. Gwelodd Lisa fe a chodi ei llaw ato fe. Gwelodd e hi a chodi ei law yn ôl ati hi. Aeth hi i mewn. Roedd Llew yn edrych yn lanach na'r noson o'r blaen, roedd e wedi siafio ac roedd e bron yn edrych mor ifanc ag oedd e mewn gwirionedd.

"Ble est ti nos Wener?" gofynnodd Lisa a llithro i mewn i'r fainc gyferbyn â fe a helpu ei hunan i un o'i frechdanau fe. "Pan ddihunais i ro't ti wedi diflannu."

"Wedi cael lle 'da fy chwaer i am dipyn," meddai fe.

"Ydy hi'n bell?"

"Na, ochr Treforys," meddai fe a ffugio ymladd gyda hi am y darn olaf o'r frechdan. Gadawodd e iddi hi ei gael, a chwerthin.

"Rwyt ti'n edrych yn dda," meddai hi. Meddyliodd hi fyddai neb a oedd wedi gweld Llew pan oedd ar ei adegau gwael yn ei adnabod e nawr.

"A ti," meddai fe. "Mae lwc da o dy gwmpas di."

"Beth wyt ti'n feddwl?"

"Dw i'n gallu darllen dy *aura* di." Siglodd hi ei phen mewn dryswch.

"Wel," meddai Llew, yn ei hastudio hi'n fanwl, "mae cylch o egni o gwmpas pawb, ac os dych chi'n gallu ei weld e mae mewn gwahanol liwiau, ac mae'r gwahanol liwiau yn dweud rhywbeth amdanoch chi a'ch dyfodol chi."

Roedd Lisa'n dawel am dipyn, yn ystyried hyn. Roedd Llew yn siarad yn gwbl glir, plaen a synhwyrol. Roedd hi'n gyfarwydd â Llew yn siarad dwli erbyn hyn pan oedd e dan ddylanwad, ac roedd hi'n arfer ei anwybyddu fe, ond roedd hi wir yn poeni ei fod e'n dal i siarad fel hyn pan oedd e'n hollol sobr. Penderfynodd hi wrando'n dawel.

"Olreit, beth ydy fy lliw i?"

"Gwyn," meddai fe, "disglair, llon – ond mae ar fin newid." Gwyrodd e ymlaen fel petai e wir yn gallu gweld rhywbeth o gwmpas ei phen hi. "Mae rhywbeth . . ." Dododd ei law i fyny fel petai'n cyffwrdd â rhywbeth o gwmpas ei hwyneb hi. Tynodd e ei law mewn hanner cylch dros ei phen hi, o un glust i lawr i'r glust arall. "Dw i'n gweld tamaid bach o borffor."

"Beth mae hwnna'n ei olygu?"

"Yr ysbrydol," meddai fe.

"Dwyt ti ddim wir yn credu hyn?" Roedd hi'n gwybod wrth ei dawelwch mai "ydw" oedd yr ateb "Pwy ddysgodd ti?"

"Neb," meddai fe. "Dw i wedi gallu gwneud hyn erioed, dw i'n cofio gweld y lliwiau hynny ers o'n i'n blentyn." Gwyrodd ati hi, "ond chlywais i mo'r lleisiau tan yn llawer diweddarach. Ro'n i'n ddeg ar hugain oed ar y pryd. Wedyn daeth y lluniau gyda nhw . . . salwch, meddai'r doctoriaid." Rhaid ei fod e yn ôl ar ei feddyginiaeth e. "Wnes i ddim byd i ti naddo?"

"Pryd?"

"Echdoe. Dw i ddim yn gallu cofio dim. Taswn i wedi gwneud unrhywbeth i ti . . . gobeithio . . ."

"Na, dim byd," meddai Lisa, a gafael yn ei law e. "Hei, rwyt ti wedi gorffen dy goffi di. Hoffwn i un fy hunan. Gaf i un i ti hefyd?"

Aeth hi lan at y cownter ac archebu dau goffi.

13

Gadawodd Mal y dafarn a cherdded i lawr y Stryd Fawr. Roedd
e'n meddwl am rywbeth arall yn gyfan gwbl pan aeth heibio i'r
ffenest a meddwl ei fod e wedi ei gweld hi, y ferch, yn eistedd
yno. Roedd hi wedi bod yn glyfar iawn i'w osgoi e yn ystod y
diwrnodau diwethaf. Roedd e wedi bod yn gofyn cwestiynau
amdani hi ond doedd neb fel petaen nhw'n gwybod ble roedd
hi wedi mynd, hi a'r deryn 'na oedd yn ei dilyn hi o gwmpas fel
ci bach. Roedd hi'n ferch smart, ddeallus, hyderus. Roedd e'n
gwybod un peth – petai hi gyda fe fyddai fe ddim yn gadael
iddi hi ddweud y drefn wrtho fe a threfnu ei fywyd e. Roedd
Raz yn lwcus ei bod hi'n dal gyda fe. Byddai fe'n ei cholli hi
cyn bo hir petai e'n mynd ymlaen fel hyn. Doedd e ddim yn
gwneud y gorau ohoni hi. Doedd e ddim yn ei haeddu hi.
Roedd arni hi rywbeth iddo fe, Mal. Roedd hi wedi addo, ac
roedd e bob amser yn casglu ei ddyledion e.

Wrth iddo gerdded heibio i'r *Cabin* gwelodd Lisa fe. Canodd
larwm yn ei phen hi. Gadawodd hi'r coffi a'i newid wrth y til a
rhedeg at gefn y caffi. Agorodd hi un drws. Y gegin. Edrychodd
bachgen gyda smotiau ar ei wyneb i fyny ati. Roedd e'n torri
letys.

"Sori," meddai hi'n frysiog a throi yn ôl i mewn i brif ystafell
fwyta'r caffi. Gwthiodd hi heibio i gwpl oedd yn yfed te a bron
bwrw eu bord drosodd. Baglodd hi am y tŷ bach. Agorodd hi
ddrws tŷ bach y merched. Dim ffenest. Rhedodd hi allan eto ac i
mewn i dŷ bach y dynion. Doedd neb yno. Gwelodd hi'r ffenest.
Yn ddiolchgar ei bod hi'n fach dringodd hi uwchben un o'r sincs
i agor y ffenest fach wrth y nenfwd, tynnu ei hunan i fyny a
thrwyddi.

Ond roedd e yno'n aros amdani.

14

Roedd y traffig yn ofnadwy yn y dre ac roedd David wedi treulio hanner awr yn ceisio parcio'r car. Gwelodd e hi'n mynd i mewn i'r caffi, a doedd e ddim yn mynd i adael iddi hi redeg i ffwrdd. Yn y diwedd daeth e o hyd i le parcio ar gyrion y dre a cherddodd i fyny hyd gefn y Stryd Fawr. Roedd e'n siŵr y byddai hi wedi gadael erbyn hyn, ac roedd e'n iawn, ond doedd e ddim yn disgwyl ei gweld hi o'i flaen e.

Tu cefn i'r caffi a'r siopau roedd hi'n sefyll yno yn siarad â rhyw ddyn, yn dadlau gyda fe, yn ffraeo gyda fe. Roedd y ddau'n sefyll wrth gefn y caffi. Roedd e'n frwnt ac yn anniben fan hyn, roedd sbwriel yn chwythu i lawr y lôn ac roedd posteri brith dros y wal i gyd, yn hysbysebu sioeau oedd wedi mynd heibio flwyddyn yn ôl.

Oedodd David cyn mynd ati hi. Doedd e ddim yn gwybod pwy oedd y dyn hwn, ac roedd e'n sefyll yn agos dros ben at Lisa. Wedyn gwelodd e Lisa yn chwifio ei breichiau hi o gwmpas. Yna ymdawelodd hi dipyn. Safodd David lle roedd e, ar ochr arall y ffordd, yn eu gwylio nhw. Roedd y dyn yn cyffwrdd â braich Lisa nawr. Dyn newydd oedd hwn? Wel, o leiaf roedd hyn yn golygu nad oedd hi'n gweld y diawl 'na mwy. Ond eto i gyd, roedd e'n poeni amdani hi.

Ond roedd y dyn hwn yn edrych yn ddigon glân a thaclus, ei wallt tywyll wedi ei dorri'n fyr, ond ddim yn rhy fyr i edrych yn fygythiol. Roedd e'n gwisgo dillad digon drud eu golwg hefyd. Roedd y dyn hwn yn gafael yn dynn yn Lisa nawr. Wnaeth hi ddim symud i ffwrdd oddi wrtho fe. Ysodd David am wybod beth oedden nhw'n dweud wrth ei gilydd. Wedyn ceisiodd y dyn ei chusanu hi. Gwelodd David bod Lisa yn ceisio tynnu i ffwrdd. Yn chwareus? Roedd e'n rhy bell i ffwrdd i wybod yn iawn. Gwyliodd David wrth i'r dyn hwn roi ei freichiau ar ben ôl Lisa a'i thynnu hi'n agos. Ceisiodd David eu gwylio nhw. Roedd Lisa'n ceisio gwthio ei hun oddi wrth y dyn nawr. Roedd hi'n chwifio ei phen hi nawr. Wedyn clywodd e lais Lisa.

Roedd hi'n dweud "Na". Camodd David un cam yn agosach ac aros yna. Roedd hi â'i chefn hi at y wal, a'r dyn yn ei hwynebu hi ac yn ei gwthio hi yn erbyn y wal. Roedd David yn gwybod y dylai fe fynd ymlaen a dweud rhywbeth, a thynnu'r dyn i ffwrdd a gofyn beth oedd e'n ei wneud. Yn ei freuddwydion aeth David atyn nhw, tapio'r dyn ar ei ysgwydd a dweud, "Mae'r foneddiges yn dweud 'na', glywoch chi?" ac wedyn taro'r dyn. Ond arhosodd e yn ôl ble roedd e'n ddiogel ar ochr arall y stryd. Rhaid bod ffordd arall, roedd y dyn hwn yn edrych fel y gallai fe'n hawdd wneud niwed iddo fe. Daliodd David i sefyll yno wedi rhewi. Wedyn trodd y dyn i'r ochr a'i weld e. Camodd y dyn yn ôl oddi wrth Lisa, sibrwd rhywbeth a oedd, i David, i'w glywed yn filain. Edrychodd e ar David eto, wedyn rhedodd e o gwmpas y gornel tuag at y castell.

"Dw i ddim yn mynd i ddiolch i ti," meddai Lisa wedyn, yn smwddio ei dillad i lawr gyda'i dwylo hi.

"Am beth?"

"Am fy achub i." Roedd hyn yn iawn gyda David achos ei fod e'n gwybod, er ei gywilydd, na wnaeth e ddim byd.

"Pwy oedd e?" meddai fe.

"Jest hen ffrind."

"Doedd e ddim yn edrych fel ffrind." Daeth deigryn i'w llygaid hi a sylweddolodd e ei bod hi'n crynu. Ymestynodd e a rhoi ei fraich e amdani hi. Gwthiodd hi ei fraich e i ffwrdd a gweiddi arno fe.

"Ti'n deall nawr? Ti'n gweld? Mae fe'n gwybod lle ydw i. Bydd e'n dod o hyd i le rwyt ti'n byw hefyd. Mae fe'n adnabod fy ffrindiau i i gyd, wyt ti'n gweld pam mae rhaid i fi gael rhywle i fynd, rhywle lle does neb yn gwybod amdana i, rhywle diogel?"

Ochneidiodd David, roedd e'n gwybod beth oedd yn dod nesaf.

"Wna i ddim niwed i'r lle, welaist ti fel oedd y lle ddoe. Bydda i'n dawel iawn, bydd neb yn gwybod 'mod i 'na. Gallet ti ddweud wrth y cymdogion bod rhywun yn aros 'na dros nos nawr ac yn y man, jest i wneud yn siŵr bod popeth yn iawn." Roedd hi'n astudio ei wyneb e am ymateb. "Mae gormod o bobl ar fy ôl i," dywedodd hi. "Plîs, plîs jest rho'r cyfle hwn i fi!"

15

Pan gyrhaeddodd Lisa yn ôl i'r tŷ roedd Raz yn eistedd ar y wal, yn edrych fel bachgen bach eto, mor ddiniwed – a dienaid.

"Am faint wyt ti wedi bod yn aros?" gofynnodd hi. Atebodd e ddim. Dododd hi ei bagiau plastig o'r archfarchnad i lawr ar y llawr. Yna dododd hi ei llaw ym mhoced ei chot newydd a thynnu allweddi ohono fe. Estynnodd hi'r allwedd iddo fe.

Symudodd e ddim ar unwaith. Roedd e'n edrych mor flinedig fel petai'n ymdrech fawr iddo fe symud. Yn y diwedd gwnaeth e'r ymdrech i roi ei law yn llaw Lisa a chymryd yr allwedd a'i rhoi hi yn y drws. Wnaeth e ddim unrhyw ymdrech i gymryd un o'r bagiau o'i dwylo hi. Unwaith roedd hi i mewn gollyngodd hi'r bagiau i gyd ar y llawr. Eisteddodd e wrth ford y gegin yn rhwbio ei wyneb e.

"Wyt ti'n mynd i helpu fi?"

"Jest rho funud i fi," meddai fe. Sniffiodd, a thynnu ei ddwylo drwy ei wallt e.

"Bydda i'n iawn," dywedodd hi, a dechrau dadlwytho'r bagiau fel gwraig tŷ.

"Gyda llaw," meddai fe. "Cot neis!"

Atebodd hi ddim, dim ond ateb ei wên chwerw gyda'i gwên euog ei hun.

"Wnes i ddim llwyddo i sgorio – dim digon o arian," meddai Raz ar ôl tipyn, yn rhoi ei ben yn ei ddwylo fe. Roedd ei wyneb e'n llwyd. Roedd hi'n gwybod bod pethau'n wahanol iddo fe. Os nad oedd e'n cael ei ffics bob bore doedd dim siâp arno fe. Aeth hi i fyny ato fe a dal ei ben yn ei mynwes hi.

"Byddi di'n iawn," meddai hi wrtho fe. "Gwna i'n siŵr o hwnna. Gwranda, dw i wedi prynu digon o fwyd, cawn ni bryd bach neis nawr, a wedyn – wyt ti'n gwybod lle i ffeindio rhywbeth heno?"

"Dw i wastod yn gwybod ble," meddai fe, "y broblem yw sut!"

"Wel," dododd hi ei llaw i mewn i boced ei jîns a thynnu mas saith darn o bapur. Tynnodd hi un ar y tro a'u rhoi nhw ar y ford o'u blaenau nhw.

"Ble cest ti nhw?"

"Does dim ots am 'ny, jest cer i wneud yn siŵr dy fod ti'n iawn." Os oedd amheuaeth gyda fe am darddiad yr arian wnaeth hyn ddim gwahaniaeth iddo fe. Arhosodd e ddim am y bwyd, rhedodd e allan drwy'r drws. Ceisiodd hi alw ar ei ôl e.

"Jest paid â mynd at Mal!"

Roedd e wedi gadael y drws ar agor, gydag awyr oer yn dod i mewn, a rhyw sibrwd rhyfedd yn dod gyda fe.

16

disagreeable? (uneasy)

Roedd Raz yn teimlo'n annifyr. Roedd e wedi teimlo fel hyn ers y bore cyntaf hwnnw, wythnos yn ôl, pan oedd e wedi mynd drwy ddrws y tŷ y tro cyntaf. Doedd e ddim yn gallu rhoi ei fys arno, ond doedd e ddim yn gallu ymlacio yno. Ond beth oedd yn bod arno fe? Roedd e'n ddiolchgar am gael y lle, wrth gwrs, lle clyd sych, cynnes. Dyma'r tro cyntaf iddo fe gysgu mewn lle sych ers misoedd. Ond roedd darn o garreg barhaol y tu mewn iddo fe'n troi'n araf fel hen garreg felin yn malu ei stwmog e. Roedd pen tost parhaol gyda fe hefyd, a doedd e ddim yn cysgu.

Bob tro y byddai'n fe'n cwympo i gysgu daeth yr hen freuddwyd ryfedd 'na eto, yr un gafodd e'r noson gyntaf un – y ferch ddiawledig honno yn gwisgo gwyn i gyd, fel angel. Ac wrth i'r nosweithiau fynd yn eu blaen un ar y tro aeth y darluniau yn fwy a mwy arswydus. I ddechrau roedd y ferch yn eistedd wrth droed y gwely, yn ymbil. arno am help. Wedyn roedd hi'n crio. Wedyn daeth y lluniau arswydus ohoni hi'n cael ei bwrw, a gwaeth. Bob tro ar ôl dihuno roedd ofn arno fe orwedd i lawr eto gan ei fod e'n gwybod y byddai'n cwympo yn ôl i gysgu eto, i gwrdd â'r un ferch, i gwrdd â'r un hunllef. A byddai fe bob amser yn dihuno i weld Lisa wrth ei ochr e yn cysgu'n braf fel babi bach – pan fyddai fe'n ddigon dewr i gysgu yn yr ystafell wely gyda hi.

Ond fyddai fe byth yn cyfaddef i Lisa pam roedd e nawr yn mynnu cysgu ar y llawr gwaelod.

Roedd hi'n wahanol. Roedd fel petai'r gwrthwyneb hollol wedi digwydd iddi hi'r diwrnodau diwethaf hyn. Fyddai dim byd yn ei dihuno hi a doedd e erioed wedi ei gweld hi mor fodlon. Doedd hi ddim wedi cymryd dim ers diwrnodau. Doedd e ddim yn poeni am hyn, wrth gwrs, gan fod hynny'n golygu bod mwy ar ôl iddo fe. Meddyliodd e ar y dechrau bod hyn yn beth rhyfedd, ond eto i gyd, atgoffodd e ei hun, doedd hi ddim yn gwbl gaeth eto. Rhaid bod hynny'n beth da. Rhaid bod hynny'n golygu bod gobaith gyda hi. Ac roedd pobl gyda hi oedd eisiau ei helpu hi – pobl roedd hi'n barod i'w hecsploetio.

Roedd ei ben e'n troi eto. Roedd e'n falch uffernol ei bod hi wedi llwyddo i ymdopi heb unrhywbeth y diwrnodau diwethaf. Wrth gwrs, er mwyn cadw digon iddo fe. Roedd arian yn dal yn brin a doedd byth digon, er i Lisa lwyddo i gael arian oddi wrth ei chwaer hi. Roedd e'n gallu dibynnu arni i feddwl amdano fe.

Roedd yr amser wedi dod. Aeth e allan o'r tŷ a'i gadael hi'n cysgu. Ar ei ffordd allan cododd e ddarn o tseina wrth y silff ben tân – rhyw *figurine* o ferch mewn ffrog hir lawn fel petai hi ar fin mynd i ddawns – a'i roi e yn ei boced.

Roedd Lisa yn falch bod Raz wedi gadael y tŷ yn barod erbyn iddi hi ddihuno. Roedd hi'n gwybod y byddai David yn ymweld yn ei awr ginio o'i waith yn y swyddfa dreth. Dyna'r fargen. Byddai hi'n cael aros yno am dipyn ar ddau amod – y byddai hi'n cadw'r lle yn daclus a fyddai Raz ddim yn dod yn agos at y lle. Addawodd hi iddo fe fod dim syniad gyda hi lle roedd Raz y dyddiau hyn. Roedd David wedi ei chredu hi, roedd hi'n gwybod y byddai fe.

Roedd hi'n siŵr o bopeth nawr. Doedd hi ddim wedi cofio teimlo fel hyn ers amser hir. Roedd hi wedi llwyddo i gadw at ei hymgais hi i beidio ag ymuno â Raz yn y <u>ddefod</u> oedd nawr yn ddyddiol, weithiau ddwywaith y dydd. Roedd hi wedi rhoi'r gorau i'r stwff o'r blaen, sawl tro, ond bob amser wedi llithro yn ôl. Ond y tro hwn roedd pethau'n mynd i fod yn wahanol. Roedd hi'n teimlo'n gryf, yn hyderus. Rhywbeth i wneud â bod allan o ganol y ddinas, a'r afon yn llifo y tu ôl i'r tŷ yn gwneud iddi feddwl ei bod hi yng nghefn gwlad. Roedd y tŷ hwn siŵr o fod yn werth arian, ac roedd yn cynnwys llawer o bethau gwerthfawr. Doedd dim syndod felly bod y perchennog wedi gofyn i rywun edrych ar ôl y lle. Wel, meddyliodd Lisa, roedd y tŷ'n llawer mwy diogel gyda rhywun yn byw ynddo fe bob dydd na'i adael yn wag.

Edrychodd hi o'i chwmpas er mwyn gwneud yn siŵr bod popeth yn ei le. Roedd y lle'n teimlo'n gynnes iddi hi er bod gwynt oer yn dechrau codi y tu allan. Roedd y gaeaf yn dod. Trueni na allai hi aros yma am byth. Roedd hi'n teimlo fel petai rhywbeth yn edrych ar ei hôl hi yma, yn gwylio drosti hi. Nid bod Raz yn deall hyn. Sut gallai hi esbonio wrtho fe? Roedd y lle hwn yn dda iddi. Dim ond neithiwr digwyddodd un o'r breuddwydion. Feiddiai hi ddim sôn wrth Raz amdanyn nhw,

byddai fe'n chwerthin am ei phen hi. Roedden nhw wedi dech-
rau digwydd y noson gyntaf, ac yn digwydd yn fwy aml dros
yr wythnos nes eu bod nhw'n dod bob nos bellach.

Roedd hi'n gorwedd yn y gwely mawr meddal. Roedd Raz
yn cysgu yn y lolfa. Doedd hi ddim yn gwybod pam. Roedd e'n
credu bod rhaid gwylio – ond roedd y lle hwn yn ddigon
diogel. Eto i gyd roedd hi'n falch fod e ddim yno gyda hi yn y
gwely. Roedd eisiau tawelwch arni hi i feddwl. Roedd hi wedi
dechrau teimlo'r hen ysfa yn dod drosti eto. Roedd hi'n gobeithio *craving*
y byddai hi ddim yn ildio eto, ond roedd hi'n gwybod y byddai
hi, ac roedd hi'n ofni mai yfory fyddai'r diwrnod. Daeth yr hen
sicrwydd poenus hwnnw eto a gafael ynddi hi.

Wrth iddi hi geisio cysgu aeth popeth drwy ei meddwl hi,
pob pryder yn ei phigo hi, yn ei chadw hi ar ddihun. Roedd Raz
yn meddwl ei bod hi'n mynd i gael swydd, a chael arian a fflat
i'r ddau ohonyn nhw, ond doedd pethau byth mor syml â *suitability's*
hynny. Doedd dim cymwysterau gyda hi ar ôl gadael ysgol
mor gynnar, ac ar ôl symud o un swydd anodd oedd yn talu'n
wael i un arall oedd yn talu'n waeth ac yna colli honno oher-
wydd y cyffuriau. Roedd hi'n ymladd gyda'i hun i beidio â beio
unrhywun, fel roedd Raz yn ei wneud. Roedd e'n beio pawb a
phopeth am ei sefyllfa. Roedd hi'n gwybod nad oedd hynny'n
helpu neb ac yn bendant ddim yn ei helpu fe. Roedd e wedi
ildio yn barod – rhywun arall oedd ar fai am ei sefyllfa fe felly
doedd dim byd roedd e'n gallu ei wneud. Ond roedd hi'n
wahanol, roedd hi wedi meddwl. Ond eto i gyd aeth popeth
drwy ei meddwl hi fel tôn gron gas – petai hi heb redeg i
ffwrdd, petai hi heb arbrofi gyda chyffuriau gyda'i ffrindiau,
petai'r dyn hwnnw heb gyffwrdd â hi yn y lle cyntaf . . .

Trodd hi drosodd a throsodd yn y gwely cyfforddus yn ceisio
gweld ffordd allan o'r sefyllfa, a doedd hi ddim yn gallu gweld
un o gwbl. Ond o leiaf roedd hi'n gallu cysgu fan hyn. Ac roedd
hi'n teimlo'n ddigon cyfforddus yn y tŷ hwn. Roedd y naws yn
hyfryd. Doedd Raz ddim yn credu hynny. Y gwir oedd bod rhai
pethau rhyfedd wedi bod yn digwydd, ond dim byd eithafol – *extreme*
rhai pethau wedi symud o'u lleoedd yn ystod y nos – ond roedd

qualification's

disposition ??

hi'n bosibl eu bod nhw wedi anghofio eu symud. Synau rhyfedd – ond roedd y tŷ'n hen, a'r waliau'n setlo. Ambell i beth yn cwympo oddi ar y wal neu'r silff ben tân – ond roedd y tŷ'n hen. A doedd neb wedi cael niwed, wel, ar wahân i'r tân, a bai Raz oedd hynny. Roedd e wedi gadael y sosban 'na ar y stôf a throi ei gefn arni hi, ond mynnodd e fod e heb droi'r trydan ymlaen, bod y peth wedi troi ei hunan ymlaen. Ond roedd hynny'n amhosibl. Roedd hi'n poeni amdano fe, ei feddwl e, oedd e'n mynd i droi i mewn i Llew?

Doedd hi ddim yn gwybod ble i ddechrau, felly caeodd hi ei llygaid a cheisio meddwl am ddim byd o gwbl ac yna agorodd ei llygaid eto, yn sydyn. Roedd hi wedi clywed rhywbeth, drws yr ystafell yn agor. Roedd golau gwyn yno, ac yng nghanol y golau roedd rhyw ffurf, person, yn dywyll. Doedd hi ddim yn gallu symud.

"Paid â phoeni," meddai'r llais, llais tyner ac addfwyn. Dyn neu fenyw? Doedd hi ddim yn gallu dweud, a doedd hi ddim yn gallu gweld wyneb chwaith. Ond roedd hi'n teimlo'n ddiogel iawn. Daeth y ffigwr yn agos ati hi.

"Dw i yma i dy achub di," meddai fe, ac yna diflannu. Roedd Lisa yn gallu teimlo ei chorff hi unwaith eto. Agorodd hi ei llygaid. Roedd hi wedi meddwl eu bod nhw ar agor eisoes. Siglodd hi ei hunan a mynd i lawr y grisiau. Penderfynodd hi beidio â dweud wrth Raz.

18

Cwrddodd Raz â ffrind iddo fe o dan y bont i sgorio. Edrychodd
e ar y sachau cysgu a'r bryntni. O leiaf doedd dim rhaid iddo fe
gysgu fel hyn am y tro. Ceisiodd e osgoi'r cwestiynau – ble
roedd e wedi bod? Ble roedd e'n cysgu? Hefyd, ceisiodd e osgoi
Mal. Ceisiodd e osgoi bron pawb. Doedd e ddim eisiau cael ei
ddilyn. Roedd e eisiau cadw'r lle yn gyfrinach mor hir ag oedd
yn bosibl. Doedd e ddim eisiau i bawb fynd yno, a phetai Mal
yn dod i wybod ble roedden nhw byddai fe'n dechrau poeni
Lisa eto.

Roedd e'n gwybod bod rhywbeth wedi digwydd rhyngddi hi
a Mal, rhywbeth doedd e ddim yn gwybod dim byd amdano fe,
nid ei fod e'n poeni cymaint â hynny. Roedd hi'n fwy bodlon yn
ddiweddar, ac roedd hynny'n golygu bod bywyd yn haws iddo
fe. Felly roedd e'n bwriadu cadw Mal a Lisa oddi wrth ei gilydd.
Roedd hi'n amlwg yn casáu Mal, bob tro roedd hi'n clywed ei
enw e byddai hi'n crino ychydig o flaen ei lygaid. Pan ofynnodd
e iddi beth oedd yn bod gwrthododd hi ddweud, yr unig beth
ddywedodd hi oedd –

"Paid â phrynu dim oddi wrtho fe oni bai dy fod ti'n hollol
desperate."

Byseddodd Raz y darn tseina yn ei boced e a gobeithio na
fyddai Lisa'n sylweddoli bod y darn wedi diflannu.

"Rwyt ti'n edrych cymaint yn well," meddai David, a lledu ei freichiau i anwesu Lisa.

"Edrych," pwyntiodd hi at ei braich hi. "Ddim ers pum diwrnod. Dw i wedi trio mor galed." Roedd ei wên e'n llydan a llon.

"Mae Anne yn gofyn amdanat ti."

"Beth ddwedaist ti amdana i?"

"Dy fod ti'n aros gyda ffrind, a dy fod ti'n iawn. Ro'n i'n meddwl bod hi'n well peidio â dweud dim am y tro."

"Diolch," meddai hi, yn crychu ei thrwyn yn y ffordd annwyl honno roedd e'n dwlu arni. Roedd hi wedi rhoi blodau ffres yn y jwg bach ar y ford. Rhaid ei bod hi'n dweud y gwir os oedd hi'n gwario arian ar flodau.

"Wyt ti wedi gweld un o'r cymdogion?" gofynnodd David.

"Na, maen nhw'n dawel iawn. Beth wyt ti'n mynd i'w ddweud wrthyn nhw?"

"Dyweda i rywbeth wrth y fenyw drws nesa, rhag ofn ei bod hi'n sylwi ar rywbeth, dweud dy fod ti'n dod i mewn i lanhau." Ac ar hynny aeth e at ddrws y lolfa a rhoi ei law ar y ddolen.

"Paid â phoeni, mae popeth yn iawn gyda fi fan hyn." Gafaelodd Lisa yn ei fraich e a cheisio ei droi e i ffwrdd cyn iddo fe agor y drws.

"Rwy'n siŵr bod hynny'n wir," meddai fe, gyda chwerthiniad bach annwyl. "Af i a dy adael di nawr." Wrth y drws cefn trodd e ac edrych arni hi.

"Dof i nôl," meddai hi yn ateb y cwestiwn nad oedd e wedi ei ofyn, "ond i fi gael tipyn o amser ar fy mhen fy hunan." Gwenodd e yn fodlon, ond yna troi ei ben wrth i'r ddau glywed sŵn o'r tu allan.

Raz oedd yno, yn chwibanu, bron yn dawnsio i mewn i'r gegin. Trodd gwên David yn wg anhyfryd.

"Fe?" meddai, mewn anghrediniaeth

"Helo!" meddai Raz yn llon.

"Beth mae fe'n gwneud yma?"

"Mae jest yn . . ."

Trodd tymer David mewn eiliad. "Na, paid â rhoi esgusodion i fi. Gwnest ti addo i fi, ti a dim ond ti, a neb arall. Wnest ti ddim sôn am neb arall, heb sôn amdano fe."

"Amser i fynd!" meddai Raz a throi at y drws.

"Na – aros di! Dw i eisiau ti allan!"

"Dyna beth o'n i'n ceisio ei wneud," meddai Raz

"Paid ti â siarad fel'na 'da fi!"

"Pa hawl sy gyda ti i ddweud os dw i'n gweld Lisa neu beidio?"

Safodd David ei dir, ond roedd e'n ceisio penderfynu a oedd e'n ddigon mawr a digon cryf i ennill yn erbyn y dyn hwn petai rhaid. Dyna sut roedd y bobl hyn yn datrys pob dadl, wrth gwrs, gyda thrais.

"Fy nhŷ i yw hwn," meddai, yn ceisio swnio'n gryf, "fi sy'n gyfrifol amdano fe beth bynnag." Roedd e'n difaru ychwanegu hynny, roedd yn gwneud iddo fe swnio'n wan. Edrychodd e ar Raz. Doedd e ddim wedi symud. Roedd e hyd yn oed yn edrych braidd yn bryderus.

"Paid â phoeni, dw i'n mynd," meddai Raz a throi i adael. Wrth weld hyn teimlodd David fel petai e wedi tyfu modfedd. Roedd Raz wedi dechrau camu yn ôl yn barod, ac roedd e'n edrych i lawr i'r llawr.

"Fy nhŷ i yw hwn," meddai David, ei hyder e'n tyfu. "Fi sy'n dweud pwy sy'n aros yma a phwy sy ddim. A ti!" meddai, yn gafael ym mraich Lisa. "Wnest ti addo i fi!" Roedd e wedi dangos ffydd ynddi hi, a sut oedd hi wedi ei dalu e'n ôl?

Yn sydyn roedd Raz yno, yn gafael ynddo fe. "Paid â chyffwrdd â hi!"

Wrth iddo wneud aeth chwa o awyr o rywle a chwythu drwy'r gegin i gyd. Rhewodd y tri a gwylio wrth i'r drws rhwng y gegin a'r lolfa gau gyda chlep enfawr a siglodd y waliau.

"Wnest ti adael y drws cefn ar agor?" David oedd y cyntaf i siarad, a holodd Raz.

"Naddo," meddai hwnnw. Roedd y ddau wedi anghofio am eu dadl nhw erbyn hyn.

"Rhaid dy fod ti wedi. Ro't ti ar dy ffordd allan. Gadewaist ti'r drws ychydig ar agor, a chwythodd y gwynt drwyddo."

Aeth Raz at y drws cefn "Ches i ddim cyfle i'w agor e – edrych, mae ar gau," meddai, gan estyn am y ddolen er mwyn profi hyn.

Wrth i'r ddau ddadlau ynghylch y drws cefn roedd Lisa wedi agor drws y lolfa.

Safodd Lisa a David â'u llygaid ar agor yn llydan, yn syllu. Digon i wneud i Raz, oedd wedi oedi wrth y drws am eiliad, gamu yn ôl i mewn i'r gegin. Safodd lle roedd e, yn syn fel delw.

Roedd y pedwar cleddyf oedd ar y wal dros y tân nawr ar ganol y stafell, eu miniau yn pwyntio yn syth atyn nhw. Nid y gwynt oedd wedi eu symud, roedden nhw wedi eu trefnu yn dwt. Uwchben y tân ble roedd y cleddyfau yn arfer bod roedd y gair "Ewch!" a "Dim ond i fi!" – yn Gymraeg – wedi eu hysgrifennu mewn rhywbeth oedd yn edrych fel gwaed. Doedd Raz ddim yn bwriadu gwneud yn siŵr. Rhedodd e allan, gyda David ar ei ôl e, yn gafael ym mraich Lisa ac yn ei thynnu hi allan gyda fe.

20

Penderfynodd Raz fynd i edrych am Mal. Wedi'r cyfan, roedd arian yn ei boced e ar ôl gwerthu'r *figurine*. Daeth e o hyd i Mal yn ei le arferol e wrth yr orsaf. Roedd e'n pwyso yn erbyn y wal, yn chwythu mwg i'r awyr o'i flaen e. Gwenodd Raz i'w hunan. Roedd Mal yn meddwl ei fod e'n rhywbeth arbennig. Yn aros am ei gyfle i ymuno â'r bechgyn mawr oedd e, roedd e bob amser yn dweud, yn aros am ei gyfle i gyrraedd y *big time*. Trist. Ond eto i gyd roedd bob amser digon o stwff gyda fe, o rywle.

"Clywed eich bod chi'n chwilio am le i aros," meddai Mal wrth bocedi'r arian fel consuriwr i ryw boced cyfrin. "A dyma fi'n meddwl bod lle bach neis gyda'r ddau ohonoch chi."

Atebodd Raz ddim. Doedd e ddim yn siŵr beth oedd Mal yn ei wybod, ond doedd e ddim yn mynd i roi gwybodaeth am ddim iddo fe. Roedd Lisa a Raz wedi treulio'r noson ddiwethaf o dan y bont, mewn blanced roedd e wedi dwyn.

"Wel, mae'n bosibl bydd lle 'da fi . . ."

"Na," dywedodd Raz cyn iddo fe allu orffen, "fyddai Lisa ddim yn hoffi hynny."

"O, y ferch. Dw i'n deall pam rwyt ti'n ei chadw hi'n agos atat ti, does neb arall yn cael mynd yn agos. Mae hi'n ffynhonnell fach dda, on'd yw hi? I bawb ond fi, wrth gwrs." Gwgodd Raz arno fe a dechrau cerdded i ffwrdd, ond gafaelodd Mal yn ei fraich e. Taniodd e sigarét a chynnig un i Raz. Derbyniodd e. Yna gwthiodd Mal y pecyn cyfan i mewn i boced siaced Raz. Edrychodd Raz i lawr a gweld bod mwy na sigaréts yn y pecyn.

"Pam?" gofynnodd e.

"Jest rhywbeth bach i helpu ffrind," meddai Mal.

Oedd e'n meddwl fod e wedi prynu Lisa?

"Diflannodd Lisa'r bore 'ma," meddai Raz. "Does dim syniad gyda fi lle mae hi." Nodiodd Mal ei ben.

"Merched fel'na," meddai fe, "maen nhw'n mynd a dod. Digon o rai newydd ar y ffordd, merched dosbarth canol wedi eu sbwylio. Digon o arian 'da nhw . . . am dipyn beth bynnag." Chwarddodd Mal.

Ymlaciodd Raz ychydig a sugno ar y sigarét.

"Mae dy ddwylo di'n crynu . . ." meddai Mal

Oedd ei gyffro mor amlwg â hynny? Roedd rhaid iddo fe siarad â rhywun, ac roedd Mal yn hen ffrind.

"Wyt ti'n credu mewn ysbrydion?" meddai fe.

Chwarddodd Mal.

21

Roedd Llew yn ei le arferol ar y stryd ger Sgwâr y Castell, yn eistedd ar y pafin ac yn pwyso yn ôl yn erbyn ffenest siop fawr. Byddai fe yno drwy'r prynhawn, neu nes bod yr heddlu'n ei symud e ymlaen.

"Hei, Llew!" meddai Lisa, gan eistedd i lawr wrth ei ochr e a chynnig sigarét iddo fe.

"Rwyt ti'n angel," meddai Llew wrth ei gymryd oddi wrthi hi. Gwelodd hi hen botel lemonêd wrth ei ochr e. Gafaelodd hi ynddi. Gwnaeth yr arogl yn unig bron ei gwneud hi'n anymwybodol.

Eisteddodd y ddau yn ddistaw am dipyn.

"Pam rwyt ti'n yfed, Llew?" gofynnodd Lisa o'r diwedd.

"Rwyt ti'n gwbod pam," meddai fe.

"Rhaid bod ffordd arall."

"I gael gwared â'r lleisiau?"

Adroddodd e iddi hi'r stori roedd hi wedi ei chlywed o'r blaen, oddi wrtho fe a phobl eraill. Roedd e'n gyfreithiwr, yn gwneud yn dda. Roedd ganddo fe wraig, a phlant – ac wedyn, yn ddeg ar hugain oed dechreuodd e glywed lleisiau a gweld pethau.

"A doedd dim ffordd arall," meddai fe, "dim un o'n i'n gwybod amdani beth bynnag. Maen nhw'n dweud wrtha i taw salwch yw hyn."

"Ond dwyt ti ddim yn credu hynny."

"Dyw'r ysbrydion ddim yn gadael llonydd i fi. Dim ond hyn," cododd e'r botel, "sy'n rhoi llonydd."

Gadawodd Lisa iddo fe fod yn dawel am dipyn, yna gofynnodd hi:

"Wyt ti'n credu bod ysbrydion da yn ogystal â rhai drwg? Oes rhai ysbrydion sy'n gallu ein helpu ni?"

intervene

"Dim da na drwg," meddai fe, ac yfed o'r hen botel lemonêd. "Mae'n annaturiol pan maen nhw'n ymyrryd ym mhethau'r byd hwn, a phan maen nhw'n pigo ar bobl er mwyn gwneud hynny!"

"Ond gallen nhw ein helpu ni weithiau?" Trodd e i edrych arni.

"Mae ysbrydion ym mhobman," meddai fe'n dawel ac yn bendant, "yn gofalu dros eu lleoedd nhw – ysbryd i bob mynydd, pob afon – a phob tŷ."

"Diolch," meddai hi.

Roedd hi wedi gadael i Raz a David ei thynnu hi o *Nant Fechan* y noson o'r blaen, ond nawr roedd hi'n dechrau amau. Pam oedd y ddau â chymaint o ofn? Dynion mawr cryf, yn ofni chwa o wynt? Dyna'r unig beth oedd e. Ond doedd dim esboniad gyda hi am y cleddyfau. Ond roedd hi'n teimlo os oedd rhywbeth goruwchnaturiol yn y tŷ, doedd e ddim yn fygythiad. Doedd dim byd brawychus yno. Roedd Lisa yn teimlo os oedd rhywbeth yno o gwbl, roedd yn gyfeillgar ac eisiau ei helpu hi. Doedd hi ddim yn cofio teimlo mor ddiogel ers blynyddoedd, ers cyn iddo fe, y dyn roedd hi wedi ymddiried ynddo fe, y dyn roedd hi wedi galw'n "wncwl", gyffwrdd â hi. Pam hi ac nid Anne? Pam un ohonyn nhw o gwbl? Ond roedd hi wedi rhoi'r gorau i gwestiynau fel yna nawr. Hi oedd â'r cyfrifoldeb dros ei bywyd hi ei hun.

Roedd hi'n cofio gorwedd yn y gwely clyd yn y tŷ yn rhannu ei chyfrinachau, ond gyda phwy? Roedd hi wedi teimlo bod rhywun yno'n gwrando. Ac roedd hi'n gwybod nawr bod hi'n iawn. Cofiodd hi eiriau Llew. Roedd ysbryd ym mhob lle – a dyma ysbryd y lle hwn, yn ei diogelu hi.

Ond nawr roedd hynny wedi dod i ben. Cysgodd hi wrth ochr Raz am un noson oer arall dan y bont, yn crynu drwyddi. Yna, wrth iddo fe gysgu cododd hi'n ddistaw a dechrau cerdded. Cerddodd hi drwy'r glaw oer, allan o'r dre. Roedd hi'n gwybod lle roedd hi'n mynd a pham. Roedd fel petai hi'n cael ei galw. Cerddodd hi ymlaen. A phan gyrhaeddodd hi *Nant Fechan* roedd golau y tu mewn, fel petai i'w chroesawu hi. Roedd hi'n barod i dorri i mewn ond doedd dim rhaid. Roedd y drws ar agor. Aeth hi i mewn.

22

Doedd David erioed wedi meddwl y byddai fe'n gwneud hyn, ond aeth e i chwilio am Raz. Roedd e'n gwybod y lleoedd lle roedd e'n treulio'i amser, a daeth o hyd iddo fe yn y *Cabin*. Roedd hi wedi bod yn dair wythnos nawr ers y digwyddiad brawychus yn y tŷ. Mynegodd e ei bryder i Raz. Roedd yn groes i'r graen iddo fe siarad â rhywun fel fe – *addict*. Ond byddai rhaid iddo fe, er lles Lisa. Doedd hi ddim yn gwrando arno fe mwyach. Pam oedd e wedi gadael iddi hi fynd gyda hwn?

Roedd David wedi mynd i'r tŷ y bore wedyn, y bore wedi'r digwyddiad rhyfedd. Daeth e at *Nant Fechan* yn araf a nerfus. Doedd e erioed wedi hoffi'r tŷ hwn ac erioed wedi mwynhau bod yma. Doedd e ddim eisiau mynd i mewn. Sicrhaodd e bod y drysau ar glo, ac roedd popeth yn edrych yn iawn, felly gadawodd e. Gwnaeth e'r un peth bob dydd nes iddo fe weld golau yn y gegin. Erbyn hyn roedd e wedi dechrau amau ei synhwyrau ei hunan, ac amau yr hyn oedd wedi digwydd. Edrychodd e'n ofalus drwy'r ffenest. Y teimlad cyntaf oedd rhyddhad wrth weld mai Lisa oedd yno, ac wedyn pryder pan wrthododd hi agor y drws. Ceisiodd e esbonio wrth Raz pa mor ofnadwy roedd hi'n edrych y tro diwethaf iddo ei gweld hi drwy ffenest y tŷ. Roedd hi'n gwrthod ei adael e i mewn a doedd ei allwedd e ddim yn gweithio yn y clo – rhaid ei bod hi wedi stwffio rhywbeth i mewn ynddo fe.

"Beth wyt ti'n disgwyl i *fi* ei wneud?" oedd ymateb Raz.

"Ti yw ei chariad hi . . ."

"Ei *beth*?" A chwarddodd Raz a gadael.

23

Roedd Lisa'n byw yn y gegin. Roedd hi wedi creu pabell fach i'w hunan wrth y drws lle roedd hi'n gallu clywed a gweld unrhywun yn mynd a dod. Roedd hi'n gwybod ei fod e'n agos nawr, ei gwarchodwr hi, ysbryd y lle hwn – yr ysbryd da oedd yn edrych ar ei hôl hi. Ac roedd hi eisiau bod yn agos ato fe, ond weithiau roedd e'n rhoi gweledigaethau cas a rhyfedd iddi.

"Pam fi?" meddai hi, a gweld niwl gwyn o flaen ei llygaid hi. Diogelu, diogelu oedd y neges. Dw i yma i dy achub di. Ond roedd e wedi ei hatgoffa hi hefyd. Cofiodd hi eto deimlo anadl Mal yn erbyn ei chroen hi, ac roedd hi'n gwybod nad oedd hi'n gallu dioddef hynny eto. Roedd Mal yn credu ei fod e'n berchen arni. Ond *roedd* e'n berchen arni hi. Roedd dyled arni hi, am yr help pan ddaeth hi yma gyntaf yn rhedeg o'r holl ofid. Fe a roddodd le iddi hi, a modd i deimlo fel petai dim wedi digwydd, modd i anghofio. Roedd ei gyffyrddiad e fel y cyffyrddiad arall hwnnw; er ei bod hi'n flynyddoedd yn ôl nawr, roedd e'n teimlo mor angerddol â ddoe. Siglodd hi'n ôl ac ymlaen ar y llawr. Doedd hi ddim wedi gofyn amdani, nac oedd? Yn bedair ar ddeg oed? Sut roedd hi'n gwybod? Sut roedd hi'n gallu deall?

Yn ôl ac ymlaen, siglodd hi ymlaen ac yn ôl. Cannwyll oedd ei hunig olau hi. Roedd hi'n teimlo'n gynnes, yn gyfforddus, doedd hi ddim eisiau symud, doedd hi ddim yn mynd i symud o fan hyn, roedd hi'n hapus. Yn hapus.

24

Gorffennodd Raz y can o lager. Dim digon i feddwi, ond doedd dim arian gyda fe ar ôl i brynu mwy. Roedd rhaid iddo fe gael arian o rywle, a hynny yn fuan. Trueni am y ferch. Doedd e ddim wedi sylweddoli ei bod hi mor wallgof â hynny. Doedd dim syndod ei bod hi'n deall Llew – roedd hi'n mynd yr un ffordd. A byddai fe'n mynd yr un ffordd yn fuan, roedd e'n gwybod hynny. Trodd e'r cerdyn bach yn ei ddwylo am y degfed tro y prynhawn hwnnw. Roedd e wedi bod yn ei boced ers misoedd, ond doedd e ddim wedi ei daflu. Tŷ diogel, a chyfle i fynd ar *rehab*. Gobaith. Ond pwy oedd yn twyllo pwy? Roedd e'n gwybod byddai fe yn ôl ar y stryd mewn eiliad, achos bod neb yn poeni am neb arall yn y byd hwn, dim ond nhw eu hunain, doedd neb yn poeni am neb arall. Ond am Lisa. Roedd hi wedi poeni amdano fe. Roedd hi wedi aros wrth ei ochr e. Y ferch wallgof!

Awr yn ddiweddarach, er ei fod e'n dal i feddwl bod hyn yn syniad drwg, roedd Raz wedi dod o hyd i Llew. Buodd rhaid i Raz ei dynnu fe yr holl ffordd lawr y lôn o'r orsaf fysiau. Roedd Llew yn hanner meddw, dim ond yn hanner meddw, felly roedd Raz yn gallu ei reoli fe. Jest. Roedd e'n mwmial rhywbeth drwy'r amser, y byddai hyn yn syniad drwg, ond dywedodd Raz bod hyn yn bwysig, bod Lisa mewn perygl a'i fod e'n poeni amdani hi. Doedd Llew ddim fel petai hyn yn golygu dim byd iddo fe, yn anffodus roedd e wedi cael diwrnod drwg, roedd yn dechrau bwrw glaw, glaw cas, rhewllyd wrth iddyn nhw gyrraedd *Nant Fechan*. Tynnodd y ddau eu cotiau o gwmpas eu gyddfau a sefyll wrth y drws cefn, a'r afon yn llifo'n swnllyd y tu ôl iddyn nhw. Siaradodd Raz drwy dwll yr allwedd.

"Agor y drws!" gwaeddodd ar Lisa. "Mae Llew yma i siarad â ti!" Yn annisgwyl, ac yn syml, agorodd y drws. Roedd hi'n eistedd yno, ei choesau wedi eu croesi. Cafodd Raz sioc. Doedd hi ddim wedi symud nac ymolchi am ddiwrnodau hir. Roedd ei gwallt yn seimllyd a phantiau dwfn o dan ei llygaid hi. Aeth Raz ati hi a'i dal hi yn ei freichiau. Byddai hyn yn haws nag oedd e'n ei ddisgwyl. David oedd yn gorddweud. Doedd dim problem o gwbl.

"Mae'n iawn, dere allan gyda fi nawr," meddai fe. "Mae Llew gyda fi, bydd e'n gweld os oes unrhywbeth yn bod yn y tŷ 'ma, mae e'n gallu siarad ag ysbrydion – on'd wyt ti?" meddai fe, a throi. Ond roedd Llew wedi cilio i ochr yr adeilad. "Llew?" aeth e a cheisio ei dynnu yn ôl, ond roedd e fel petai'n siarad â'i hunan.

"Na, na alla i ddim . . . syniad drwg!"

"Dwyt ti ddim yn gallu dod i mewn i'n helpu ni? Rhoi syniad beth sy'n bod?"

Anadlodd Llew yn ddwfn a chymrodd e ddau gam ymlaen. Roedd e'n ceisio, roedd hi'n amlwg ar ei wyneb e, yna camodd e'n ôl eto. "Na, na .. . . na, mae'n ofnadwy . . . alla i ddim!" a baglodd Llew yn ôl o'r tŷ ac i lawr y lôn. Arhosodd Raz y tu mewn i'r tŷ yn ei dal hi. Roedd hi'n sydyn yn edrych mor normal.

"Dere i gael paned o de," meddai hi.

"Mae stwff 'da fi," meddai fe, yn teimlo ei boced, "stwff da, mae rhywun arall yn gwerthu yn y dre," ond doedd dim fel petai diddordeb gyda hi o gwbl.

"Dw i'n gwybod est ti at Mal," meddai hi. "Nawr, dere i gael paned o de. Dw i wedi sylweddoli," meddai hi, ei hwyneb yn sydyn yn llawn haul. "Does dim eisiau pethau fel 'na arna i nawr, mae popeth yn iawn, popeth yn wych."

Gwelodd Raz gysgod tywyll yn dod o'r lolfa ac yn symud yn raddol i mewn i'r gegin. Camodd e yn ôl rhag ofn byddai fe'n cyffwrdd â'i draed e. Edrychodd e arno, arswyd ar ei wyneb e, ac ar y llawr, roedd e bron ar fysedd ei draed e nawr. Camodd e yn ôl, roedd y cysgod yn symud yn agosach fel llanw at ddrws y lolfa; edrychodd Lisa arno fe, yn ymbil arno fe. Stopiodd y llanw yno. Doedd dim ffordd, roedd e'n gwybod doedd dim ffordd y byddai fe'n mynd yn ôl i mewn i'r ystafell honno. Roedd Raz yn gwybod nad oedd e eisiau aros yn y tŷ hwn. Roedd e'n gwybod y dylai fe fynd. Roedd y ferch yn wallgof, dyna'r gwirionedd. Roedd gwên wallgof ar ei hwyneb hi. Dylai fe dderbyn y ffaith a symud ymlaen. Roedd popeth wedi bod yn dda tra oedd e wedi para, ond roedd e wedi dod i ben, ac roedd rhaid iddo fe ffeindio rhywbeth neu rywun arall.

Ciliodd e drwy'r drws. Roedd Llew yno.

"Eisiau mynd," meddai Llew. Roedd e'n anadlu'n ddwfn, ac roedd Raz yn poeni ei fod e'n mynd i fod yn sal dros ei ddillad e.

"Addewaist ti!" meddai fe, yn gafael yn ei freichiau'n galed. Roedd Llew'n edrych fel petai'n mynd i gilio unrhyw funud.

"Byddi di'n gwybod – dywedaist ti . . ."

Daliodd Raz yn ei ysgwyddau fe, a'i ddodi o flaen y drws. Roedd Lisa'n eu gwylio â golwg ryfedd ar ei hwyneb. Doedd Llew ddim yn crynu mwyach. Roedd e'n edrych yn sobr hefyd, yn hollol sobr. Yn araf dechreuodd Llew siarad.

"Merch," meddai fe, "mae merch fach . . . yn crio . . . mae dyn . . . Na, na!" meddai, yn araf, wedyn gwenodd fel petai'n rhannu jôc preifat gyda rhywun. "Maen nhw'n siarad Cymraeg. Cymraeg. Dw i'n deall." Chwarddodd e, wedyn aeth ei wyneb yn wag. Yna dechreuodd siarad eto fel petai dim byd wedi digwydd. "Iawn, pwy wyt ti? Tomos. Tomos Roberts, Roberts. Iawn. Na, na, cer di nôl, paid di â dod yn agos ata i!" Roedd fel petai rhywun yn ei fygwth e yn yr ystafell, yn sefyll o'i flaen e. "Na". Bron heb yn wybod iddi daeth Lisa yn nes at Raz a gafaelodd y ddau yn ei gilydd. Roedd hi wedi mynd yn dywyll yn sydyn. "Olreit, pwy wyt ti? Pwy yw'r ferch hon? Mae'n iawn, dere ata i, cariad bach." Goleuodd wyneb Llew gyda gwên hyfryd. "O, dere, dere ata i. Iawn, dw i'n deall . . . Na, cer di i ffwrdd . . . cer di, nôl . . . nôl . . . Na, na." Camodd e i mewn i'r tŷ mewn ofn. "Na, na, na," dywedodd e, gan roi ei ddwylo i'w glustiau fel petai'n clywed sŵn cras. Rhedodd e allan a chaeodd e'r drws ar ei ôl e â chlep. Dilynodd Raz a dod o hyd iddo fe yn ei gwrcwd yn yr ardd fach wrth yr afon. Gafaelodd Raz ynddo fe a'i ddal e'n dynn.

"Mae'n iawn, mae'n iawn nawr – beth ddywedaist ti?"

"Paid mynd nôl i mewn i'r lle 'na," meddai Llew.

"Ond mae Lisa yna."

"Mae hi'n ddiogel," atebodd Lle., "Mae hi'n ddiogel yn y fan honno, paid â phoeni amdani hi . . . am y tro. Mae'r peth 'ma ei heisiau hi. Eisiau hi gormod efallai."

"Beth rwyt ti'n feddwl?"

"Mae wedi dod amdani hi, mae eisiau ei diogelu hi!"

"Siarad synnwyr!" meddai Raz a'i siglo fe'n galed.

"Mae e wedi ei meddiannu hi!"

has taken possession of her

25

Trodd Raz y ffordd hon a'r ffordd arall. Roedd Llew bron mewn dagrau. Doedd dim amser gyda fe i boeni am hen ddyn meddw. Sgitsoffrenia oedd y cyfan. Pam wnaeth e feddwl am ddod â fe yma yn y lle cyntaf? Trodd e yn ôl at y tŷ a gweld y drws yn cau gyda chlep enfawr. Roedd fel petai'r tŷ i gyd yn crynu. Gadawodd ei afael ar Llew a rhedodd e at yr afon. Gadawodd Raz iddo fe fynd a mynd at y drws. Ceisiodd e ei agor, ond roedd ar glo. Trodd e'r ddolen eto ac eto yn wyllt. Galwodd e enw Lisa'n uchel, heb boeni pwy oedd yn eu clywed nhw. Ceisiodd e agor y drws eto.

"Agor, wnei di?"

Dim ateb.

"Lisa, agor y drws!"

Rhegodd e arni, a chamu yn ôl ar y lawnt. Yna gwelodd e hi, yn edrych allan o ffenest yr ystafell fyw. Roedd y ffenest ar agor. Aeth e ati hi. Roedd hi'n sefyll yno, ei dwylo ar y gwydr.

"Plîs, Lisa, agor y drws. Beth sy'n bod arnat ti?" Roedd e'n meddwl bod golwg bell, efallai ofn, yn ei llygaid hi, ond doedd e ddim yn siŵr. Roedd hi'n edrych ar goll. "Reit," meddai fe, wrth ei hun ac wrthi hi. Roedd un ffenest ar agor y tipyn lleiaf, a gafaelodd e yng ngwaelod ffrâm y ffenest a cheisio ei hagor ymhellach. Wrth ei weld e'n gwneud hyn camodd hi yn ôl. Gallai ei gweld wrth wal gefn yr ystafell. Ceisiodd e wthio'r ffrâm i fyny, ond roedd yn anodd, roedd y tŷ yn hen, a'r pren wedi chwyddo, siŵr o fod.

"Paid Raz!" clywodd e lais Lisa, fel petai yn bell; er ei bod hi ond rhai troedfeddi oddi wrtho fe, roedd sain ei llais yn ymbellhau oddi wrtho fel petai hi'n cael ei sugno i mewn drwy dwnel. Tynnwyd ei sylw am eiliad. Edrychodd e i fyny. A theimlo poen arswydus yn dechrau yn ei fysedd ac yn mynd drwy ei holl gorff. Ochneidiodd e'n ddwfn, y boen yn ormod iddo fe sgrechian. Roedd y ffenest wedi dod i lawr ar ei ddwylo. Roedd fel petai rhywun wedi ei slamio i lawr. Aeth y munudau nesaf heibio mewn rhith. Doedd e ddim yn siŵr pwy oedd wedi codi'r ffenest oddi ar ei ddwylo – a wnaeth hi? Neu a ddaeth Llew yn ôl i'w helpu fe? Roedd e ond yn gwybod ei fod e'n gorwedd nawr ar y lawnt o flaen y tŷ yn mwytho ei fysedd oedd yn barod yn dechrau chwyddo. Wrth i'r boen ddatblygu daeth e'n ymwybodol o bethau o'i gwmpas e. Doedd dim un golau yn y tŷ nawr. Roedd popeth yn dywyll. Trodd e y tu ôl iddo. Daeth Llew allan o'r cysgodion. Trodd e ato a rhegi, ar dop ei lais. Yna trodd Raz ei wyneb e at yr wybren a oedd wedi dechrau glawio, a chau ei lygaid e mewn poen.

26

Cymerodd Raz lynciad arall o'r botel. Roedd alcohol yn helpu, yn ychwanegu at y teimlad fod dim byd yn bod mewn gwirionedd, bod ei fywyd e ddim yn bod, ei fod e erioed wedi bod. Roedd e yn fflat rhyw gyfaill iddo fe, rhywun daeth e i'w adnabod rywdro nad oedd e'n gallu cofio pryd na ble. Pasiwyd y fodca draw iddo. Roedd pump o bobl yn yr ystafell, ond siaradodd neb. Doedd e ddim yn gwybod am faint y buodd e yno. Roedd pawb arall yn yr ystafell wedi chwistrellu yn barod, yn eu bydoedd bach eu hunain yn barod. Oedodd e, a doedd e ddim yn siŵr pam. Edrychodd e i lawr ar ei fysedd wedi eu rhwymo mewn hen gadach brwnt. Roedd y boen wedi cydio go iawn dros nos. Roedd y fodca yn helpu ei lleddfu. Doedd neb yma eisiau siarad, neb yma yn gallu siarad, ac roedd hynny'n dda. Doedd dim cloc yn yr ystafell, ond wrth yr haul yn suddo'n hamddenol roedd e'n gwybod ei bod hi'n hwyr yn y prynhawn. Roedd e wedi bod yn yfed drwy'r nos a thrwy'r dydd, felly. Amser i hedfan – ond dim eto. Roedd e eisiau meddwl, ond doedd e ddim yn gwybod pam. Dylai fe gael ei ffics e nawr, ac anghofio'r ferch 'na. Roedd hi wedi mynd yn wallgof, dyna'r gwirionedd. A doedd hi ddim ei eisiau fe – roedd hi wedi slamio'r ffenest i lawr ar ei fysedd e!

Cymerodd Raz lynciad arall o'r fodca. Roedd e'n sur, a gwnaeth e wyneb cas. Roedd e'n casáu blas y stwff, ond doedd hynny ddim yn mynd i'w stopio. Caeodd e ei lygaid e, ond yr un stori oedd bob tro, yr un lluniau. Roedd geiriau Llew yn troi a throsi yn ei feddwl e. Tra oedd e'n dal i feddwl yn glir, ceisiodd Raz roi darnau stori Llew at ei gilydd.

Roedd merch, meddai Llew, can mlynedd neu fwy yn ôl. Angharad oedd ei henw hi, meddai fe. Ac roedd ei rhieni hi wedi marw, a'i gadael hi dan ofal ei hewythr yn *Nant Fechan*.

rape

Dim ond pedair ar ddeg oed oedd hi, ac roedd e'n meddwl bod hawl gyda fe ei chamdrin hi. Tomos Roberts oedd ei enw e, yn ôl Llew. Ac roedd e wedi treisio Angharad drosodd a throsodd, nes iddi hi gymryd ei bywyd ei hun yn y tŷ. Ceisiodd hi losgi'r tŷ i lawr pan oedd Tomos Roberts yn cysgu. Bu farw hi, ond nid Tomos Roberts ac achubwyd y tŷ. Dywedodd Tomos Roberts mai damwain oedd y cyfan. Roedd Llew wedi cysylltu ag ysbrydion y ddau, dywedodd e, ac wedi clywed y stori i gyd. Roedd yr ysbrydion yn dal yn y tŷ, meddai fe, ac y byddai fe'n well cadw draw.

Sbwriel!

Roedd rhaid cael Lisa allan, meddai Llew, neu fyddai Tomos Roberts yn ei threisio hi, yn meddwl mai hi oedd Angharad.

Sothach! Sothach pur! Roedd Lisa wedi troi'n styfnig, mwy na styfnig, roedd yr ast wedi tynnu'r ffenest i lawr ar ei fysedd e, a Llew, wel, roedd Llew yn Llew, a doedd dim llawer o synnwyr yn ei ben e.

Roedd y ferch, Angharad, wedi galw am help, dywedodd Llew. Roedd hi wedi galw ac roedd rhyw fod goruwchnaturiol wedi ei chlywed hi ac wedi dod i helpu – ond yn rhy hwyr.

"Ac mae'n dal yno," meddai Llew, tân yn ei lygaid e a'i ddwylo'n crynu, yn gafael yn llewys Raz. "Dyna pam mae'n beryglus i ni. Mae'r ysbryd hwn yn cosbi pob dyn! Ysbryd y lle hwn!"

"Ara deg nawr, Llew . . ."

"Ac mae ysbryd y lle hwn eisiau ei diogelu hi . . . a bydd e'n mynd â hi . . ."

Llew, o Llew! Sôn am stori dda! Doedd y stori wreiddiol ddim yn ddigon da, nac oedd? Roedd rhaid iddo fe ychwanegu mwy. Ond eto i gyd, roedd yn gwneud rhyw synnwyr.

Gweledigaethau. Ffantasi.

"Nôl ar y tabledi, Llew," murmurodd Raz i'w hunan. Yna siglodd ei hun. Oedd e wedi dod i hyn? Yn dechrau credu yn y pethau a ddaeth allan o geg meddwyn gwallgof fel Llew?

Doedd e ddim yn gwybod pam oedd ots gyda fe beth bynnag. Roedd Lisa wedi bod yn gyfleus tra ei bod hi wedi bod yno, ond nawr byddai rhaid iddo fe ddod o hyd i ffordd arall o gadw ei hun. Yr un hen stori. Dim byd newydd. Gydag ymdrech fawr, ac ochenaid, pwysodd Raz ar ei ddwylo gwaedlyd, a chodi ei hun. Camodd e allan o'r fflat heb ddweud gair wrth neb. Roedd eisiau aer arno fe. Eisiau meddwl am ei gam nesaf.

27

Doedd Lisa ddim yn gwybod pa mor hir roedd hi wedi bod
yno. Roedd hi ond yn gwybod fod hi ddim yn gallu symud o'r
fan a'r lle. Roedd hi'n teimlo dim byd ond llonydd perffaith.
Oedd hi'n nos? Neu oedd hi'n ddydd eto? Roedd hi wedi colli
pob ymwybyddiaeth. Roedd golau yma, rhyw olau cynnes,
diogel, yn ei dal hi fel breichiau esmwyth. Doedd dim poen
mwyach. Roedd fel petai angel wedi dod, ac ateb ei gweddïau
dyfnaf. Doedd hi ddim wedi cymryd unrhyw gyffur ers dau
ddiwrnod, a dim alcohol – dim bwyd na diod chwaith. Ac
roedd hi'n teimlo mor rhyfedd, ond mor arbennig. Roedd popeth
yn syml. Galwodd hi allan am rywun i'w helpu hi, a daeth hwn,
atebwyd ei gweddïau hi. Doedd dim eisiau anobeithio mwyach,
doedd dim eisiau poeni am Anne, na David, na'r cemegau,
doedd hi ddim yn dibynnu ar un ohonyn nhw mwyach. Roedd
y golau cynnes yn ei chynnal hi. Anadlodd hi'n ddwfn ac yn
rhythmig, yn anadlu'r egni llachar i mewn gyda phob curiad o'i
chalon hi. Dyma'r ateb. Daeth yr angel â'r ateb iddi hi.

28

Roedd Raz yn gwybod lle i ddod o hyd i Mal. Roedd e'n crwydro'r tir diffaith y tu ôl i'r stad fanwerthu. Roedd llwyth o gathod yn byw yno, a phobl weithiau yn eu bwydo nhw. Rhedodd dwy wrth i Raz gamu'n drwm i fyny'r allt. Roedd platiau a bowliau gwag dros y lle. Rhyfedd, meddyliodd Raz, bod pobl mor barod i fwydo'r cathod digartref hyn, eu caru nhw hyd yn oed, ond yn anwybyddu'r pobl ddigartref roedden nhw'n eu gweld. Meddyliodd Raz petai cot flewog a chwt hir gyda fe, y byddai pobl yn cymryd sylw ohono fe a'i fwydo fe hefyd.

Prynodd e'r hyn oedd eisiau arno fe – roedd peth o'r arian roedd Lisa wedi ei dwyn oddi ar ei chwaer yn dal i fod yn ei boced e – ac aeth y ddau i gaffi'r *Cabin*. Roedd Raz yn gwerthfawrogi'r cwmni y prynhawn hwnnw, ac roedd Mal hefyd fel petai e eisiau siarad. Roedd Raz wedi cael digon, ac eisiau dweud wrth rywun, a phan ofynnodd Mal am Lisa, clywodd e ei hun yn dweud:

"Y ferch wallgof 'na, ti'n meddwl? Cadw'n bell oddi wrthi hi, dyna beth dw i'n bwriadu 'i wneud. Mae hi'n newyddion drwg. Edrych beth wnaeth hi i fi!" Daliodd e ei fysedd o flaen llygaid Mal. Siglodd yntau ei ben ac anadlu i mewn yn swnllyd. "Mae hi wedi cloi ei hun i mewn i'r tŷ. Wel, ei thŷ hi yw e, tŷ ei brawd-yng-nghyfraith. Mae hawl gyda hi wneud beth mae hi moyn, sbo. Mae hi off ei phen. Ac wedyn, wedyn dechreuodd Llew ar y stori wallgof am ysbrydion." Dywedodd Raz bopeth, yr holl hanes, gan gynnwys stori Llew.

"Wel, mae hynny'n esbonio pethau," dywedodd Mal ar ôl clywed y cyfan. Roedd e wedi bod yn gwrando'n astud hyd yn hyn, a nawr mentrodd e air. "Mae'r Llew 'na'n sgistoffrenig. Dyw e byth yn dweud dim byd call."

"Yn gwmws!" cafodd Raz y gefnogaeth roedd e ei eisiau. "Ydy

e'n meddwl 'mod i'n dwp? Dw i wedi cael digon ohoni hi."
Gwelodd e'r olwg yn llygaid Mal. "Paid â mynd yn agos ati hi."

"Y broblem yw," meddai Mal, "bod arni hi rywbeth i fi."

"Arian?" meddai Raz. Ddywedodd Mal ddim, ond cododd e ei aeliau.

"Mae sawl math o dalu," meddai fe o'r diwedd. "Ble mae hi?"

"Cadw draw ohoni hi," meddai Raz. "Dyna beth dw i'n bwriadu wneud."

"Dyled yw dyled."

"Weithiau mae'n well gadael i ddyled fynd," meddai Raz.

"Byddai'n help taswn i'n gwybod ble mae'r tŷ 'ma."

Edrychodd Raz arno fe a'i lygaid yn galed.

"Dim ots," meddai Mal yn y diwedd. "Fel rwyt ti'n dweud, gwell cadw draw. Newyddion drwg!" Gwenodd e, a chwarddodd Raz gyda fe. Llithrodd Mal becyn bach i Raz ar draws y ford. Chwiliodd Raz yn ddwfn i mewn i boced ei siaced e.

"Diolch," meddai Mal, yn derbyn y papur, "hanner nawr, hanner y tro nesa. A bydda i'n aros."

"Mal – dyn ni'n nabod ein gilydd erbyn hyn, on'd yn ni? Dw i wastod wedi llwyddo i'w gael e, on'd ydw i?"

Gwenodd Mal wên gam a phlygu'r arian yn becyn taclus a'i roi mewn rholyn yn ei boced. Dechreuodd Raz godi. Cydiodd Mal yn ei fraich yn gyflym.

"Ble mae hi?"

"Beth?"

"Ble mae hi?" Ailadroddodd Mal ei gwestiwn fel peiriant.

"Rhywle . . ."

"Ble yn union?" Roedd e'n dal i afael yn dynn yn ei fraich. Cododd Raz yn gyflym a gwthio'r gadair oddi wrtho fe. Safodd e o flaen Mal, fel petai'n herio am ffrae. "Dw i'n gallu gwneud bywyd yn anodd i ti . . ." meddai Mal. Trodd Raz.

"Dw i ddim yn gwybod . . . ddim yn cofio . . . lan y cwm yn rhywle . . . paid â gofyn i fi . . ."

"Wyt ti'n gallu mynd â fi 'na? Rwyt ti'n dweud fod dim diddordeb gyda ti ynddi hi nawr, fyddai dim ots gyda ti i fi ei chael hi, na fyddai?"

Syllodd Raz arno fe gyda llygaid hanner meddw.

"Cei di rywbeth am dy drwbl, stwff da, gwell na hwnna rwyt ti newydd ei gael – ac am ddim . . ."

29

Camodd Lisa drwy fyd gwyn. Roedd yr ystafell yn hyfryd, gwely mawr gyda chynfasau gwyn glân, a llaw dyner rhywun yn ei chysuro hi, yn tawelu'r dwymyn a fu arni. Roedd fel petai hi mewn ystafell mor fawr yn sydyn – ystafell oedd mor fawr â'r tŷ i gyd. Ac roedd popeth roedd ei eisiau arni hi ynddi. Cododd hi ei dwylo a chyffwrdd yn y defnydd ysgafn a oedd o gwmpas y gwely pedwar congl. Gorweddodd hi yn ôl a gorffwys ym mreichiau ei hangel hi. Fyddai neb yn dod yn agos ati hi nawr, neb yn dod yn agos ati hi mwyach. Byddai ei hangel hi yn ei diogelu hi, yn gyrru pawb arall o'i ffordd hi.

30

Ymlwybrodd Raz yn sigledig drwy'r dre. Daeth e i le arferol Llew. Roedd y cyffuriau yn ei boced e. Roedd e'n chwilio am le diogel i'w cymryd, ond roedd rhywbeth yn ei dynnu i ddod o hyd i Llew. Dylai fe fod wedi cael lle diogel oriau yn ôl, ond roedd stori Llew yn mynd o gwmpas ei ben fel cân bop wael. Beth os oedd e'n iawn? Rhwbiodd e ei fysedd e'n anniddig. Nid hi oedd wedi cau'r ffenest arno fe. Roedd hi'n sefyll ar ochr arall yr ystafell. Allai hi ddim fod wedi gwneud hyn. Efallai ei fod e'n iawn. Roedd Raz yn fodlon cyfaddef efallai bod Llew yn gwybod rhywbeth. Nid fod e'n credu ei stori wallgof e o gwbl, ond . . .

Roedd Llew yn eistedd yn ei le arferol yn erbyn ffenest y siop fawr.

"Llew?" meddai Raz, yn gafael yn ei fraich e. "Wyt ti'n iawn?" Neidiodd hwnnw, ac edrych arno fe fel petai e ddim yn ei adnabod e. Roedd yr hen botel lemonêd yn ei ddwylo, yn llawn o rywbeth llawer cryfach a mwy peryglus nawr. "Mae rhaid i fi wybod . . ." meddai Raz. "Beth ro't ti'n ei olygu?"

"Y?" daeth sain ddiystyr ohono fe.

"Neithiwr. Ydy Lisa yn ddiogel? Dwedaist ti ei bod hi'n ddiogel, ond . . . ond beth sy'n digwydd iddi? Beth sy'n digwydd yn y tŷ? Dwed y stori wrtha i eto."

"Tylwyth teg!" gwaeddodd Llew, a syllodd rhai o'r siopwyr arno fe a cherdded heibio iddyn nhw mor gyflym ag oedd yn bosibl.

"Ble? Yn y tŷ?" gafaelodd Raz yn ei fraich a'i siglo.

"Ym mhobman!" gwenodd Llew yn wallgof a chwerthin yn afreolus.

Gadawodd Raz ei afael.

"Dwyt ti ddim yn haeddu dim!" gwaeddodd ar Llew. "Cer i grafu, rwyt ti'n sâl!"

A gadawodd e Llew lle roedd e'n haeddu bod – yn feddw yn y gwter, a mynd i chwilio am le diogel i ddefnyddio ei stwff newydd e.

31

Dihunodd Lisa yn sydyn yn teimlo'n unig ac yn oer. Roedd y tŷ mor dywyll ac mor ddistaw. Cododd hi ac edrych drwy ffenest y gegin. Roedd y lleuad yn llawn unwaith eto. Yng ngolau'r lleuad gwelodd hi lwy arian ar y ford, y llwy roedd hi a Raz wedi'i defnyddio i baratoi'r ffics ddiwethaf. Teimlodd hi yn ei phoced. Roedd peth ar ôl. Ond roedd hi wedi penderfynu – dim mwy. Ond roedd y nos mor wag ac mor oer. Dim ond unwaith eto? Unwaith eto. Agorodd hi y pecyn a chynnau'r cylch trydan. Gwyliodd hi wrth i'r coch ddatblygu.

Tynnodd hi'r gwregys yn dynn am ei braich hi a phwyso yn ôl yn erbyn wal y gegin. Byddai popeth yn iawn, am dipyn. Roedd hi'n gwybod gyda thipyn mwy o hyn byddai hi'n gallu diweddu popeth – ond roedd cymaint o ofn arni hi.

Yn sydyn roedd e yno eto – ei hangel hi. Angel glân, perffaith, yn ei hamgylchynu hi gyda golau gwyn. Dyna'r tro olaf, medd-ai'r angel. Dw i yma i dy achub di. Doedd neb arall eisiau ei wneud. Doedd neb arall yn mynd i wneud dim iddi hi.

Anne? Yr unig deulu oedd gyda hi, ond roedd Anne yn poeni yn fwy amdani hi ei hunan nag am neb arall. Roedd hi, Lisa, yn embaras iddi hi.

David? Pwy oedd hi iddo fe? Chwaer-yng-nghyfraith, doedd hi ddim yn deulu.

Raz? Roedd hi wedi gwybod drwy gydol yr adeg mai dim ond ei harian hi a'r pethau roedd hi'n gallu cael iddo fe oedd e eu heisiau. Doedd hi ddim wir yn golygu dim iddo fe, ac roedd hi'n gwybod hynny.

Doedd hi ddim yn golygu dim i un person byw, a rhaid iddi gydnabod hynny. Roedd hi eisiau rhyddhau ei hun, i fyw bywyd normal. Roedd hi'n gwybod fod hyn yn bosibl iddi hi, ond doedd mo'r cryfder gyda hi. Roedd Raz yn gryf. Byddai fe'n gallu, petai e eisiau. Ond hi, doedd dim cryfder ar ôl ynddi hi mwyach. Derbyniodd hi'r angel, a oedd yn poeni amdani hi, a suddodd i gwsg annaturiol ac anniddig.

32

Cyrhaeddodd Raz y bont. Roedd e wedi gobeithio gweld hen ffrindiau yno, ond yr unig beth a welodd e oedd hen drempyn oedd wedi ymgartrefu yn y garej ac arddegiaid yn chwilio am le i feddwi ar seidr rhad. Amser i symud, meddai fe wrtho'i hun. Byddai newid yn dda iddo fe. Meddyliodd e am ei opsiynau. Byddai Caerdydd efallai'n syniad da, roedd e'n adnabod sawl un yng Nghaerdydd. Ac roedd digon o gyflenwad yno, un-rhywbeth roedd e ei eisiau. Aeth e drwy ei bocedi. Efallai byddai digon o arian gyda fe am fws. Neu roedd e'n gallu bodio. Roedd digon o yrwyr lori yn fwy na bodlon am dipyn o gwmni ar eu taith. Tynnodd e ddwy bunt mewn arian mân allan a'r cerdyn melltigedig yna hefyd. *Hafan – rhyddid rhag cyffuriau ac alcohol.* Rhegodd Raz o dan ei wynt a mynd i daflu'r cerdyn i'r gwter. Dyna'r hyn dylai fe fod wedi ei wneud fisoedd yn ôl. Ond dododd e'r cerdyn yn ôl yn ei boced e, am ryw reswm doedd e ddim yn gallu ei ddeall.

Crwydrodd e allan o'r dre at y draffordd. Amser i newid, amser i symud, amser i symud ymlaen i ran arall o'i fywyd e. Chwiliodd e ei gof am bobl roedd e'n eu hadnabod yn y brif-ddinas. Ned oed un. Doedd e ddim wedi gweld Ned ers blwyddyn. Sut roedd e, tybed? Ac wedyn Debs, roedd e'n cofio Debs. Roedd hi'n rhedeg cegin nos i'r digartref. Roedd hi fel aur, fel y graig.

Roedd gwên ar ei wyneb e wrth iddo fe ddringo i fyny Heol Caerfyrddin at y draffordd. Gwthiodd e ei fawd allan wrth gerdded. O'r diwedd gwelodd e gar yn arafu ac yn tynnu i mewn wrth ochr y ffordd. Rhedodd Raz at y car, yna camu yn ôl wrth weld pwy oedd y gyrrwr. Roedd David yn pwyso draw ato fe. Slamiodd Raz y drws a cherdded ymlaen, ond gyrrodd David ar ei ôl e. Galwodd ar ei ôl e, a chanodd ambell i gorn car yn grac.

"Dw i eisiau siarad â ti!" gwaeddodd David. "Dw i ddim yn trio dy herwgipio di!"

Ildiodd Raz a daeth e i eistedd yn y sedd ffrynt a gyrrodd David i ffwrdd.

"Ble yn ni'n mynd?" gofynnodd Raz.

"Jest yn mynd i le cyfleus i siarad." Chwiliodd David am rywle diogel i barcio. Roedden nhw wedi gadael canol y ddinas erbyn hyn ac roedden nhw bron ar y draffordd. Ond roedd David yn gwybod eu bod nhw'n agos at ganolfan siopa allan-o'r-dre ac roedd maes parcio mawr yno.

"Oes bargeinion i gael yma?" meddai Raz yn goeglyd. Doedd David ddim yn gwenu.

"Dw i wedi bod yn chwilio amdanat ti dros y ddinas i gyd – nes i rywun ddweud dy fod ti ar dy ffordd mas o'r dre."

"Wel?"

"Rwyt ti jest yn mynd i fynd, wyt ti? A'i gadael hi?"

"Pam lai? Rhaid i bawb feddwl drostyn nhw eu hunain. A dyw hi'n ddim byd i fi."

"Dyw hynny ddim yn bywsig i fi. Ond dw i'n gwybod bydd hi'n gwrando arnat ti. Taset ti'n mynd ati hi . . ."

"Dw i wedi trio hynny. Dw i ddim yn mynd nôl at y lle 'na na'r ferch wallgof." Ceisiodd e agor drws y car ond gafaelodd David yn ei fraich e.

"Edrych ar hyn." Dododd e ddarnau o bapur o dan lygaid Raz. Ceisiodd Raz ffocysu ei lygaid. Gafaelodd David yn y papurau.

"Darllena i nhw i ti."

"Wyt ti'n meddwl 'mod i ddim yn gallu darllen? Dyna beth rwyt ti'n ei feddwl?" Edrychodd David yn lletchwith am eiliad, ond wedyn dywedodd e –

"Es i i'r llyfrgell, a gwnes i ymchwil am hanes y tŷ, i weld a oedd esboniad i'r digwyddiadau rhyfedd." Chwarddodd Raz yn chwerw.

"Wyt ti'n meddwl fod ti 'di dod o hyd i ysbrydion y lle?" darllenodd e wrth siarad. "Does dim ysbrydion, paid â bod yn dwp. Hi sy'n wallgof, dyna i gyd. A hi ddododd y cleddyfau yna, i'n poeni ni."

"Beth am y chwa o wynt?"

"Roedd y drws ar agor."

"Nid dyna ddywedaist ti y tro diwethaf."

"Wel, ro'n i'n anghywir."

"Roedd drws y lolfa yn agor allan. Byddai'n amhosibl i un-rhyw wynt ei chwythu y ffordd anghywir, a hefyd . . ."

Roedd Raz wedi mynd yn dawel. Darllenodd e –

"Tomos Roberts 1814-1882, Angharad Roberts 1842-1866."

". . . Beth wyt ti'n feddwl am hynny?"

"Dw i'n dal i feddwl fod ti wedi gwastraffu dy amser di," meddai Raz, yn teimlo'n oer drosto fe. Fyddai Llew ddim wedi gwybod hyn, na fyddai?

"Ceisiodd Angharad ladd Tomos drwy losgi'r tŷ i lawr tra'i fod e'n cysgu. Ond bu hi farw a bu e fyw. Doedd dim ffordd arall iddi hi ddianc. Mae hi'n eitha enwog, wel, roedd hi ar y pryd. Mae i gyd yn yr hen bapurau newydd lleol."

Ie, dyna hi, dyna sut roedd Llew wedi clywed. Roedd e'n ddyn addysgiedig cyn iddo ddechrau yfed. Byddai fe wedi darllen yr hanes yn rhywle. Roedd David yn dal i siarad fel pwll y môr. Agorodd Raz ddrws y car.

"Dwyt ti ddim yn mynd i helpu?"

"Sut?" meddai fe. "Mae hi'n *addict*, fel fi. Does dim gobaith iddi hi, a rhaid i ti sylweddoli hynny."

*

Cerddodd Raz at gylchfan yr M4 a loncian i lawr y lôn ymuno. Roedd rhyddid a lle newydd ar ei orwel.

A dyma hi, damia hi, yn gwthio ei ffordd i mewn i'w feddwl e. Dechreuodd hi'n araf, dim ond ei llun. Yna clywodd e ei llais hi. Ceisiodd e ei ddileu o'i feddwl, ond roedd hi yno, ei llygaid glas, ei llais clir, yn crefu arno fe. Oedd hi'n bosibl bod Llew yn iawn? A bod ysbryd Tomos Roberts yn ceisio ei chipio hi? Na, roedd hynny'n dwp. Doedd y meirw ddim yn ymyrryd yn y byw. Ond petai hynny'n wir, sut gallai fe wneud dim i helpu?

Siglodd e ei ben yn ffyrnig fel petai'n ceisio siglo gwybed allan o'i glust, a chododd ei fawd dde i gyfeiriad y traffig. Roedd hi wedi dechrau bwrw glaw erbyn hyn. Byddai rhywun yn stopio mewn munud, a phetai rhaid iddo fe aros yn hir, wel, roedd rhywbeth bach yn ei boced i'w gadw e i fynd, ac roedd digon ar ôl.

Ond roedd hi yn ôl yn ei feddwl e, damia hi. Y tro diwethaf iddo fe ei gweld hi roedd hi wedi creu pabell i'w hunan o gynfasau o'r gwelyau, wedi eu hongian o'r nenfwd. Roedd golau gyda hi yng nghanol hyn, ac oherwydd hynny roedd Raz yn gallu gweld amlinelliad ei chorff main drwy'r cynfasau. Roedd hi'n eistedd yno ar y llawr ac roedd hi'n siglo yn ôl ac ymlaen. Galwodd e ei henw hi.

"Lisa!"

Doedd e ddim yn gwybod sut, ond roedd y draffordd wedi diflannu, y ceir i gyd yn ddistaw, a rhywsut roedd e nawr yn *Nant Fechan*, yn ôl gyda hi. Roedd e yn y gegin. Gwelodd e hi yn gorwedd ar y llawr, yn estyn ei llaw wan ato fe. Wedyn roedd e ar y llawr hefyd. Cafodd e ei daro gan rywbeth, rhywbeth cryf. Ceisiodd e eistedd i fyny, gan anwesu ei ên. Roedd y boen yn real, ond doedd dim byd yno. Clywodd e hi'n galw ei enw –

"Raz!"

Ond roedd hi fel petai hi mor bell i ffwrdd. Roedd cysgod o'i flaen e, piler o fwg yn codi, yn ffurfio i mewn i siâp. Roedd e'n dal ar ei gefn ar lawr y gegin. Yna trodd y mwg yn ffurf – ffurf corff. Roedd cymaint o ofn arno fe doedd e ddim yn gallu codi. Daeth llaw allan o'r mwg, llaw fawr ar fraich hir lwyd. Closiodd y llaw ato a chloi am ei wddf. Roedd e'n gwybod nad oedd hyn yn digwydd, nad oedd hyn wedi digwydd.

Cafodd e ei ddihuno gan gorn car. Roedd e'n sefyll yng nghanol y draffordd, ar ganol y lôn orllewinol.

Roedd ei ben e'n troi ond rhedodd e nerth ei draed, am ei fywyd. Roedd e'n gwybod beth oedd wedi digwydd, a phwy oedd yn gyfrifol hefyd.

33

Doedd hi ddim yn anodd dod o hyd i Mal. Roedd y clybiau nos newydd agor, ac roedd e'n gwneud arian da gyda stwff meddal i'r plant. Roedd Raz yn gwybod na fyddai unrhyw fownser yn rhoi mynediad i Mal i glwb, roedden nhw i gyd yn ei adnabod e'n rhy dda, felly arhosodd Raz y tu allan nes iddo fe weld Mal yn mynd heibio.

"Hei, ti!" meddai fe, a gafael yn ei fraich. Trodd Mal mewn syndod.

"Cadw dy ddwylo brwnt oddi arna i!" gwaeddodd e yn ôl. Roedd e ar ei ben ei hunan, felly? Wel, wel.

"Beth werthaist ti i fi?"

"Beth?"

"Ie. Beth." Roedd Raz yn dal i afael yn llewys Mal, ei lygaid yn llosgi'n gas.

"Beth rwyt ti'n feddwl?"

"Paid â chwarae'n ddiniwed 'da fi. Doedd y stwff 'na ddim yn lân."

"Hei, hei!" cododd Mal ei ddwylo o flaen Raz, a gollyngodd Raz ei afael. Ddihangodd Mal ddim. "Does dim byd yn bod gyda fy stwff i, a ti'n gwybod 'ny."

Roedd Raz wedi ymdawelu erbyn hyn. "Sut rwyt ti'n esbonio'r hunllefau?"

"Hunllefau?"

"Hunllefau – ti'n fyddar hefyd? Gweledigaethau!" Roedd Mal yn meddwl bod Raz yn mynd i ymosod eto, a safodd e'n ôl.

"Rwyt ti'n ymddwyn fel merch wedi cael ei ffics cynta hi!"

"Roedd hyn yn wahanol." Dododd Raz ei ben yn ei ddwylo. "Dw i ddim wedi cael dim byd fel hyn erioed – pethau gwallgof . . ." Dododd e ei law o gwmpas ei wddf e, yn ail fyw'r teimlad o gael ei grogi gan niwl. Edrychodd e ar Mal, doedd e

ddim wedi rhedeg. Yn sefyllfa Mal byddai fe, Raz, wedi rhedeg.
Roedd Mal yn sefyll yno fel petai e wir yn poeni amdano fe. Ar
ôl distawrywdd hir meddai Mal –

"Wyt ti'n dal i weld y ferch 'na?"

"Pa ferch?"

"Yr un gyfoethog. Yr un 'da'r corff perffaith, y llygaid glas,
a'r gwallt . . ." ond cyn iddo fe orffen y frawddeg roedd Raz
wedi gafael ynddo fe ac wedi ei wthio fe yn erbyn ffenest lydan
siop.

"Pam rwyt ti'n gofyn amdani hi?"

"Dim, dim rheswm – prynodd hi rywbeth unwaith, cwsmer
yw hi."

"Dyw hynny ddim yn ddigon!" ebychodd Raz, yn tynhau ei
afael ar ei wddf. Roedd Mal yn colli ei liw. Roedd e'n edrych o
gwmpas, fel petai'n chwilio am rywun, wedyn edrychodd e yn
ôl i fyw llygaid Raz. Roedd hwnnw'n dal ei afael yn ei wddf fel
ci bach.

"Dyw hi'n ddim byd i fi."

"Na?" meddai Raz. "Pam mae hi'n dihuno yng nghanol y nos
yn galw dy enw di? Pam mae hi'n dihuno yng nghanol hunllef,
a ti sy 'na? Beth wyt ti wedi'i wneud iddi hi? Beth? Beth?"

"Mae arni hi rywbeth i fi," gwichiodd Mal, ei lais yn codi'n
uwch bob munud.

"Fel beth?"

"Dyled! A dw i bob amser yn casglu fy nyledion i!"

34

Wnaeth Raz ddim sylwi ar y ffurfiau dynol a glosiodd ato fe. Wnaeth e ddim sylwi nes i'r dwrn cyntaf lanio ar ei ben. Wnaeth e ddim sylwi nes iddo fe ddihuno wrth ochr y ffordd.

Roedd ei wyneb e'n brifo, ac roedd e'n gwaedu. Roedd e'n gwybod ei fod e wedi cael stwff drwg – dyna'r rheswm am y gweledigaethau rhyfedd, a rhaid bod hyn wedi gwneud yr un peth i Lisa. Dial Mal, efallai. Gwthiodd Raz ei law i mewn i'w boced e a theimlo'r pecyn bach oedd yno. Dim ond ychydig roedd e wedi ei gymryd ond faint oedd ar ôl gyda Lisa? Faint fyddai'n ddigon i'w lladd hi? Ond beth roedd e'n gallu gwneud ar ei ben ei hunan? Roedd e braidd yn gallu cerdded. Baglodd Raz o Ffordd y Brenin a'r clybiau a'r tafarndai. Diolch byth doedd fflat David ddim yn bell.

Curodd e ar y drws yn betrusgar. Ceisiodd e smwddio ei ddillad i lawr. Roedd e'n gwybod ei fod e'n edrych yn arw. Doedd e ddim wedi newid ei ddillad e ers misoedd, a nawr roedd cleisiau mawr ar ei wyneb e, a'i wefus e'n gwaedu ar ôl y driniaeth roddodd dynion Mal iddo fe.

Agorodd menyw'r drws, menyw oedd yn edrych yn debyg i Lisa, roedd yr un llygaid glas meddal gyda hi ond roedd ei gwallt hi'n frown. Caeodd hi'r drws yn gyflym yn ei wyneb. Cnociodd Raz eto. Clywodd e leisiau o ochr arall y drws. Agorwyd y drws eto.

"Cer!" meddai David yn bendant. "Dyn ni ddim eisiau dy sort di rownd fan hyn!"

"Na!" gwaeddod Raz yn ôl ato fe. "Dwyt ti ddim yn deall!"

"Dyw hi ddim yn golygu dim i ti, wnest ti hynny'n ddigon plaen. Does dim eisiau dy help di arnon ni!" A chaewyd y drws yn ei wyneb e.

Distawrwydd. Dim ond distawrwydd lletchwith ac oer.

Cnociodd Raz ar y drws eto, yn fwy a mwy ffyrnig. Wedyn gwelodd e'r fenyw wrth y ffenest â'r ffôn yn ei llaw. Yr heddlu, rhaid ei bod hi'n ffonio'r heddlu. Roedd Raz yn teimlo'n rhyfedd dros ben. Ond roedd cyffuriau'r bore 'ma allan o'i system erbyn hyn, doedd bosib? Roedd ei ben e'n troi a'r byd o'i gwmpas e fel petai'n ymbellhau oddi wrtho fe.

35

Rhedodd Raz, yn hanner taflu ei hunan i lawr y grisiau a
arweiniodd o'r fflat. Baglodd dros y ris olaf. Trodd cwpl o bobl
wrth ei weld e'n taflu ei hunan i lawr y stryd. Roedd rhaid iddo
fe ddal i symud. Roedd e'n gwybod petai e'n stopio efallai na
fyddai'n gallu dechrau eto. Roedd y byd yn troi o'i gwmpas e,
yn gwyro yn ôl ac ymlaen mewn lliwiau llachar o goch a
phorffor ac oren, a'r adeiliadau yn sydyn wedi tyfu, ac yn
cyrraedd y nefoedd. Roedd y llais yn ei ben, llais dwfn dieflig, _diabolical_
yn ei herio fe. *Dw i wedi eich cael chi allan o'r tŷ*, meddai fe, *dw i'n
ennill nawr, o'r diwedd.*
. . . yn ennill . . .
*Nawr mae hi'n eiddo i fi, a dych chi ddim yn gallu ei niweidio hi
byth eto.*
. . . niweidio . . .
Bydd hi'n ddiogel gyda fi.
. . . diogel . . . bydd hi'n ddiogel . . . dim eisiau gwneud dim.
Baglodd Raz i mewn i wal a gwingo mewn poen. Dawnsiodd
y byd o'i gwmpas o flaen ei lygaid e. Eistedd. Roedd rhaid iddo
fe eistedd. Gorffwys.
Roedd y lleuad yn llawn, sylwodd e. Roedd hi'n dlws. Pwys-
odd e yn ôl yn erbyn y wal lle roedd e wedi cwympo. Roedd
siop gyferbyn â fe, bron fel gwyrth, a doedd dim drysau metel
ar ei blaen hi. Byddai fe'n gallu torri i mewn drwy'r drws cefn,
beth bynnag. Gobeithio bod digon o arian yn y til, ac wedyn
byddai fe'n gallu mynd yn ôl at Mal, a chael stwff da. Wedyn
byddai fe'n cael gwared â'r pen tost, a byddai fe'n gallu gorffwys.
Byddai Lisa'n iawn. Roedd hi'n gallu edrych ar ei hôl ei hunan.
Pam roedd ei eisiau hi arno fe beth bynnag? Roedd rhaid iddo fe
edrych ar ei ôl ei hunan nawr. Doedd dim rhaid iddo fe fynd yn
ôl i *Nant Fechan*. Pam? Roedd Lisa'n ddigon hapus yno, doedd

hi ddim ei eisiau fe yn agos ati hi eto, roedd hi wedi gwneud hynny'n glir. Roedd e wedi ceisio, ac yna beth ddigwyddodd? Roedd y peth 'na yn ei diogelu hi, a fyddai fe ddim yn gallu gwneud dim beth bynnag.

Ac os dewch chi yn agos, bydd rhaid i fi gael gwared â chi unwaith ac am byth.

. . . ac am byth . . .

Gwell peidio. Gwell ei gadael hi. Gwell mynd a thaflu bricsen drwy ffenest y siop 'na, a sgorio eto ac ymlusgo i mewn i ryw gornel glyd tan y bore. Doedd Lisa ddim yn werth y risg.

Da iawn, dych chi'n gweld synnwyr o'r diwedd.

. . . synnwyr . . .

Ewch i ffwrdd, ymhell i ffwrdd, a'i gadael hi gyda fi, yn ddiogel.

. . . diogel . . . diogel . . .

Teimlodd e rywbeth gwlyb yn glanio ar ei ên, a hanner clywed rhyw lais yn y pellter, ond roedd e'n gwybod ei fod e'n agos, agos ato fe. Agorodd e ei lygaid a sylweddoli mai poer ydoedd, a grŵp o lanciau yn gweiddi yn ôl ato ar y stryd. Doedd mo'r egni gyda fe i godi, heb sôn am weiddi yn ôl na mynd ar eu holau nhw. Brwsiodd e ei siaced, roedd hi'n frwnt ac yn wlyb erbyn hyn. Roedd rhaid iddo fe wneud rhywbeth. Roedd rhaid iddo fe gael ffics. Ac efallai mai hon fyddai ei un olaf. Doedd dim rheswm i fyw nawr.

Ie, dyna fe. Peidiwch â byw. Does dim pwynt, nac oes?

. . . dim pwynt . . .

Does neb yn poeni amdanat ti, neb eisiau i ti fyw, dy fywyd di yn werth dim i neb, a fydd yn werth dim chwaith.

. . . gwerth . . .

Gwnewch ffafr â'r byd, Richard.

Richard . . . roedd yr enw mor ddieithr, doedd e ddim yn adnabod ei hunan, doedd neb wedi defnyddio ei enw iawn e ers blynyddoedd. Doedd neb roedd e'n eu hadnabod yma'n gwybod beth ydoedd. Ond roedd y *peth* hwn yn ei ddefnyddio.

Gorffennwch hyn nawr. Pam dych chi'n oedi?

. . . oedi . . .

Roedd e'n gwybod nad oedd amser i oedi. Roedd ei fywyd

e'n werth dim i neb, roedd y peth yn iawn, fel roedd wedi bod
o'r blaen. Doedd Lisa ddim mo'i eisiau fe, a doedd ei fywyd e o
ddim gwerth. Ceisiodd e godi, ond daeth pendro arno fe ac
roedd fel petai e wedi ei wthio yn ôl i mewn i'w gornel.
Ceisiodd e eto, a theimlo'r un pwysau yn ei erbyn e. Gwelodd
gysgod o'i flaen e. Roedd y peth hwn wedi ei ddilyn e, oedd e?
Wel, os oedd e, doedd e ddim yn *Nant Fechan* yn diogelu Lisa.
Wrth sylweddoli hyn teimlodd Raz fod rhyw obaith. Llwydd-
odd e i godi. Llwyddodd e i sefyll.

*

Dihunodd Lisa o gwsg aflonydd. Tybiodd hi ei bod hi wedi
clywed rhywbeth, ond doedd dim ond tipiadau cadarn a
rheolaidd y cloc mawr yn yr ystafell arall. Tynnodd hi'r flanced
yn dynn o'i chwmpas hi unwaith eto. Ond roedd hi'n teimlo'n
anesmwyth. Roedd rhywbeth yn bod, rhywbeth ar goll, gwacter
enbyd, a'r gwacter hwnnw'n tyfu fel pwll o waed o glwyf dwfn
yn taenu dros y llawr o'i chwmpas hi. Roedd hi'n teimlo'n oer,
dechreuodd hi grynu.
    Doedd Lisa ddim yn gallu atal ei chorff rhag ysgwyd yn
ffyrnig. Eisteddodd hi ar ganol llawr y gegin. Gwaeddodd hi
am help, ond y tro hwn ddaeth dim, ddaeth neb. Roedd y tŷ
mor oer yn sydyn, nid oerni naturiol – roedd fel petai'r oerni yn
chwythu i mewn o ryw fyd arall.
    Yna trawyd hi'n fud wrth iddi hi sylweddoli ei bod hi'n
gyfan gwbl ar ei phen ei hunan.

*

Pam dych chi'n oedi?
    Roedd rhywbeth yn nhôn y llais yn herio Raz. Na, doedd e
ddim yn mynd i oedi mwyach, ond roedd e'n gwybod petai
rhaid iddo fe farw, roedd e'n mynd i farw wrth wneud rhyw-
beth gwerth ei wneud am unwaith yn ei fywyd e.

87

"Na!" gwaeddodd Raz. "Na! Dw i'n barod! Dw i'n barod amdanoch chi!"

Roedd fel petai'r peth wedi gwrthod yr her. Symudodd y cysgod i ffwrdd oddi wrtho fe'n gyflym. Dilynodd Raz, ond yn igam ogam. Yn sydyn daeth ei lygaid yn glir, a doedd y byd ddim yn troi mwyach. Dilynodd e'r cysgod, yn symud nawr, allan o'r ddinas ac i lawr y lonydd bach hyd at yr afon. Roedd y peth yn mynd yn ôl, yn ôl at Lisa. Teimlodd Raz yn gryf yn sydyn, yn iach. Yna gwelodd e'r tŷ o'i flaen e. Sut roedd e wedi cyrraedd yma mor gyflym? Dim ots. Gwelodd e'r drws a cheisio'r ddolen, ond roedd y drws ar gau. Yn yr ardd gwelodd e ddarn mawr o bren, a thorrodd un o'r ffenestri. Torrodd y ffenest yn haws nag oedd e wedi disgwyl. Y tu mewn doedd dim sôn am Lisa o gwbl. Safodd Raz yng nghanol yr ystafell fyw. Gwelodd y cleddyfau wedi eu trefnu wrth ben y tân. Aeth e i ben y tân a thynnu un o'r cleddyfau i lawr, yr un mwyaf, yn herfeiddiol. Chwifiodd e'r cleddyf o gwmpas ei ben.

"Ble mae hi? Beth dych chi wedi'i wneud iddi hi?" Dim ateb. Distawrwydd. Edrychodd e o'i gwmpas yn ofalus. Roedd e'n gwybod nawr beth roedd e'n mynd i'w wneud. Oedd, roedd e'n mynd i orffen pethau, ond roedd e'n mynd i orffen y peth hwn hefyd. Roedd e'n ddigon cryf, roedd e'n gallu ymladd, ac roedd e'n bwriadu ei wneud.

Roedd e'n dal i afael yn y cleddyf. Cododd e'r cleddyf o'i flaen e, roedd e'n un sgleiniog a hardd. Trodd e'r llafn yn yr awyr a gweld y golau gwan o lamp y stryd yn disgleirio oddi arno. Clywodd sŵn. Siffrwd y tu ôl iddo fe. Symudodd e i ganol yr ystafell, a gafael yn y cleddyf mawr â'i ddwy law, a throi yn araf. Yna galwodd e.

"Ble dych chi? Dw i'n barod amdanoch chi. Dewch! Dewch!" Roedd ei wyneb e'n wenfflam, ei ên yn ddur. A throdd ei gleddyf yn dân. Cleddyf mawr o dân i gyd.

A dihunodd rhywbeth ynddo fe. Tân. Allai hyn ddim bod. Roedd e'n gwybod nawr fod hyn ddim yn real, fel y weledigaeth arall. Camodd e'n ôl a theimlo waliau un o siopau'r ddinas y tu ôl iddo fe. Baglodd a theimlo'r concrid o dan ei gorff e.

Doedd e ddim yn *Nant Fechan* o gwbl. Dim ond gweledigaeth oedd hyn i gyd. Twyll! Ac roedd Lisa'n dal i fod ar ei phen ei hunan, yn y tŷ, ac roedd e yma, yng nghanol breuddwyd gwall-gof. Rhaid iddo fe ei chyrraedd hi.

Ond roedd hyn mor real. Yn gwbl glir nawr, am unwaith. *Dwyt ti ddim yn gallu gwneud dim nawr. Mae hi'n eiddo i fi nawr. Am byth.*

Edrychodd e i lawr, roedd rhyw lafn o olau yn ei law e. Canolbwyntiodd e a throdd y golau yn ôl yn gleddyf. Cododd e ei gleddyf e.

*

Yn *Nant Fechan* llwyddodd Lisa i dynnu ei hunan ar draws y gegin, a llusgo ei hunan i'r cwpwrdd dan y sinc lle roedd hi wedi ei guddio, y parsel bach roedd hi wedi ei wneud o'r cyflenwad olaf roedd Raz wedi cael iddyn nhw. Roedd e'n meddwl eu bod nhw wedi gorffen popeth. Doedd hi ddim yn gwybod pam roedd hi wedi cadw hyn. Teimlodd hi am y parsel, a'i gael. Tynnodd hi'r parsel allan. Roedd y cryndod yn dechrau pylu, a theimladau ysgafn yn dod drosti hi wrth iddi hi deimlo sicrwydd y parsel bach yn ei dwylo hi. Agorodd hi'r parsel yn ofalus. Roedd digon yma – gormod. Ymbalfalodd hi am yr offer, a llwyddodd i sefyll yn grynedig. Roedd hi'n teimlo – dim. Neb. Roedd hi'n meddwl ei bod hi wedi cael ateb, ei bod hi wedi dod o hyd i rywun a fydd-ai'n edrych ar ei hôl hi. Ond nawr roedd hynny wedi mynd hefyd.

Agorodd hi'r parsel. Roedd hi'n gwybod yn union beth oedd rhaid iddi ei wneud gyda'r stwff i gyd.

"Lisa?" clywodd hi rywun yn galw ei henw hi, yn wan, yn y pellter fel petai e'n gweiddi o ochr arall wal drwchus, neu o fyd arall.

"Dw i yma," meddai hi'n wan. Ond doedd y llais ddim yn cymryd unrhyw sylw o gwbl. Sibrydodd hi eto. Roedd teimlad cynnes, diog yn dod drosti hi. Doedd hi ddim yn crynu mwyach.

Roedd rhywun yn galw – ei lais yn esmwyth fel melfed – ei hangel hi!

"Lisa?" clywodd hi sŵn ergydion ar bren. Wedyn teimlodd hi'r ergydion wrth i rywun geisio gwthio ei hun drwy'r drws. Siglwyd ffrâm y drws. Agorodd hi ei llygaid ychydig, a cheisio gweld yn glir. Daeth hi'n ymwybodol unwaith eto o'r gegin a'r flanced frwnt o'i chwmpas hi.

"Raz?" meddai hi'n wan, wrth i'r drws agor yn sydyn. Baglodd Llew i mewn.

*

Roedd Raz yn teimlo ei egni e i gyd yn diflannu. Ond roedd ei elyn e o'i flaen e. Roedd e'n gallu gweld y diafol nawr, ac roedd e'n mynd i orffen pethau, drwy ymladd. Yn ôl ac ymlaen, chwifodd Raz y cleddyf. Fflachiodd ei gleddyf o dân. Ymlaen aeth e, ei anadlu'n fwy anodd. Dechreuodd e beswch wrth gael ei wthio yn ôl, ond bwriodd e ymlaen er gwaethaf y boen, ei gleddyf e'n llosgi'n wyn. Gwelodd e ei elyn e nawr yn rhedeg, yn cilio oddi wrtho fe, a nawr roedd e'n mynd i'w ddilyn e, yn mynd i'w orffen e.

Clywodd Raz lais o rywle, yn dawel dros ben, llais gwan. Llais Lisa. Roedd hi yno yn rhywle. Gwthiodd e ymlaen eto, a chyda phob toriad o'r llafn clywodd lais Lisa'n uwch. Roedd e'n ennill. Roedd e wedi rhedeg ymhell nawr, ar ôl hwn. Doedd e ddim yn gwybod i ble. Ond roedd dŵr o'i flaen e. Afon. Diflannodd y cysgod dros y dŵr. Dihangodd y peth dros y dŵr, a heb feddwl ddwywaith hyrddiodd Raz ei hun ar ei ôl. A chlywodd e lais Lisa, yn gwbl glir nawr, yn galw ar ei ôl e.

36

"Faint wyt ti wedi ei gymryd?" holodd Llew i Lisa a gafael yn ei braich hi. Gofynnodd e ei gwestiwn eto, ond atebodd hi ddim.

Roedd ei llygaid hi'n dechrau rholio yn ei phen, yr arwyddion yn amlwg. Dododd Llew ei law e ym mhoced ei got a theimlo'r botel blastig a oedd wedi dal pop unwaith. Agorodd e hi a chymerodd e lynciad hir a meddwl beth i'w wneud nesaf. Roedd Lisa'n dechrau ochneidio.

"Beth wyt ti'n ei wneud 'ma?" meddai hi mewn llais gwan. Roedd Llew wedi llwyddo i'w chael hi i symud a nawr roedd hi'n eistedd ar yr hen soffa yn y lolfa, wrth ei ochr e. Roedd e wedi llwyddo i arllwys llynciad mawr o'i fotel e i lawr ei gwddf hi. Doedd e ddim yn gwybod a fyddai hynny'n syniad da, ond doedd e ddim yn gallu meddwl am unrhywbeth arall i'w wneud, ac roedd hi fel petai hi'n iawn.

"Wnest ti ddim ei gymryd e i gyd?" meddai Llew wrthi hi yn grynedig, rhyddhad amlwg yn ei lais e.

"Dim ond tipyn bach." Roedd hi'n dechrau dod ati hi ei hun nawr, a cheisiodd hi afael yn ei fotel e. Gwrthododd e, ond cafodd e lynciad mawr ei hunan. Doedd e ddim yn feddw, ond roedd rhaid iddo fe wneud yn siŵr ei fod e ddim yn sobri'n gyfan gwbl. Byddai'r lleisiau'n dod yn ôl wedyn, gormod o leisiau, yn ei boeni fe, yn galw arno fe. Dododd e'r top yn ôl ar y botel. Rhewodd e am eiliad. Doedd e ddim yn gallu clywed dim. Wrth ei ochr roedd Lisa yn ochneidio'n ysgafn, ond ar wahân i hynny – dim.

"Sut ro't ti wedi dod i mewn?" meddai Lisa. "Dyw e ddim yn gadael i unrhywun arall ddod i mewn! Does dim byd wedi troi allan fel roedd i fod!" Roedd ei phen hi yn ei dwylo. Eisteddodd Llew ar ochr arall y soffa, ei lygaid tywyll yn llawn ofn, y pantiau tywyll odanyn nhw'n ddyfnach heno rywsut, os oedd hynny'n bosibl. Roedd hi eisiau dweud wrtho, ond doedd hi ddim yn gallu dod o hyd i'r geiriau, a ddim yn gallu symud ei cheg i ynganu'r geiriau beth bynnag. Teimlodd hi ddiod Llew yn llosgi yn ei stwmog. Roedd hi eisiau dweud wrtho fe am Mal, am y pethau roedd e'n ei gorfodi hi i'w gwneud, drosodd a throsodd. Doedd Raz ddim yn gwybod o le daeth yr arian, o le daeth y cyffuriau. Roedd e'n credu ei bod hi'n ei gael oddi wrth ei chwaer hi. Ond roedd hi ond yn ceisio gwneud popeth yn iawn iddyn nhw. I fyw. Ond roedd hi'n gwybod nad byw oedd hyn.

"Dw i'n deall," meddai Llew, fel petai e wedi clywed pob gair a oedd wedi mynd drwy ei meddwl hi, "ond mae hynny i gyd ar ben nawr." Daliodd e hi yn ei freichiau fe. Roedd hi'n llefain yn dawel. Doedd e'n dal ddim yn gallu clywed dim. *awake*

"Gwranda," meddai fe, a cheisio ei siglo hi <u>ar ddihun</u>, ond roedd hi ar y ffordd yn ôl i mewn i drwmgwsg cyffuriau unwaith eto. Esboniodd e bopeth roedd e wedi'i synhwyro am y rhith. "Dw i'n credu 'mod i'n deall hyn nawr. Am ryw reswm mae'r peth 'ma sy'n ein poeni ni'n meddwl ei fod e'n dy ddiogelu di.

"Bydd e'n dod nôl," meddai fe. "Ac mae rhaid i ti fod yn barod. Rwyt ti wedi penderfynu byw," meddai fe. Ddywedodd hi ddim, a phenderfynodd e ddal ymlaen i siarad drosti hi. "Byddet ti wedi cymryd y pecyn i gyd taset ti ddim eisiau byw. Mae hyn jest yn gyffur arall. Nawr gwranda, mae hwn yn mynd i ddod nôl."

"Wyt ti'n fy nghredu fi? Wyt ti wir yn gwybod . . ."

"Dw i wedi ei glywed e – mae'n gryf. Fydd e ddim yn gadael i ti fynd mor hawdd â hynny. Gallwn ni adael nawr, ond dw i'n credu bydd e'n ein dilyn ni. Gwell aros a wynebu hyn – pan ddaw nôl. Rwyt ti'n gallu ei wneud e, ond mae rhaid i ti benderfynu ymladd, a bod yn rhydd." Gorweddodd Lisa yn erbyn ei ysgwydd e.

Roedd gweddïau Angharad wedi llwyddo felly – ond roedd y gwarchodwr hwn ganrif yn rhy hwyr, ac yn meddwl mai hi, Lisa, oedd eisiau cael ei hachub. Wel, efallai bod hynny'n wir. Dechreuodd ei phen hi droi a chaeodd ei llygaid hi.

"Lisa!" gwaeddodd Llew. "Lisa. Cofia hyn. Paid â phoeni am ddim byd – wyt ti'n poeni am beth ddigwyddodd cyn i ti gael dy eni? Paid â phoeni am beth sy'n dod nesa, felly! Siwrne fer. Wedyn heddwch!"

"I rai," sibrydodd Lisa'n wan, ac er i Llew ei siglo hi eto roedd hi'n llithro i anymwybyddiaeth wrth ei ochr e, yn llithro'n bell oddi wrtho fe.

Agorodd Lisa ei llygaid hi. A'u cau nhw a'u hagor nhw eto. Ailadroddodd hi'r broses sawl gwaith eto, nes ei bod hi'n sicr o le oedd hi. Symudodd hi ychydig. Roedd ei chorff hi'n stiff ac yn brifo. Yna synhwyrodd hi bod rhywun arall yn yr ystafell. Roedd ofn arni nes iddi hi droi a gweld Llew, yn cysgu'n dawel ar y soffa. Roedd y lle mor dawel. Roedd y lleuad yn llawn, a'r goleuni yn treiddio drwy'r tyllau yn y llen dros y ffenest. Roedd popeth mor dawel. Cododd hi'n ofalus, rhag dihuno Llew. Gadawodd hi'r ystafell. Aeth hi at y drws cefn. Roedd ar agor, a doedd hi ddim yn gallu cofio pam. Roedd ar glo y tro diwethaf iddi hi ei weld, roedd hi wedi ei gloi. Edrychodd hi'n ofalus o gwmpas y drws, fel petai hi'n disgwyl gweld rhywun yno. Doedd neb, ond roedd golau rhyfedd yn y pellter. Dilynodd hi'r golau. Doedd neb ar y stryd, popeth yn ddistaw. Dechreuodd hi grwydro, ond doedd hi ddim yn gwybod i ble, na pham. Roedd golau yno, yn ei thywys hi . . .

38

Gwelodd Raz ei elyn o'i flaen e, yn weladwy nawr, yn erchyll ac ysblennydd ar yr un pryd. Dilynodd e'r peth i'r dŵr. Doedd yr anghenfil ddim yn mynd i ddianc. Doedd Raz ddim yn gallu gadael i hynny ddigwydd. Edrychodd e am y cleddyf. Roedd e wedi llithro o'i ddwylo. Cododd e'r cleddyf o'r llawr a chydag un floedd fawr anelu at yr anghenfil gyda holl nerth ei gorff e. Neidiodd e ar ôl yr anghenfil nes i'r ddau gwympo i mewn i'r dŵr. Doedd e ddim yn gallu gweld yr anghenfil nawr ond o rywle roedd fflamau, yn ei ben e, yn llosgi. Yna sŵn ffrwydrad a fflamau poeth yn neidio'n wyllt i wybren welw y wawr ar y gorwel.

Y peth olaf teimlodd Raz cyn mynd yn anymwybodol oedd breichiau Lisa, ei breichiau hi yn gafael ynddo fe, yn ei dynnu fe o'r dŵr. Doedd dim syniad gyda fe sut roedd hi wedi dod o hyd iddo fe, ond roedd e'n falch y gwnaeth hi. Hi oedd wedi achub ei fywyd e, mewn mwy nag un ffordd.

Roedd yn olau dydd nawr, ac roedd Lisa yn mynnu siarad, ond roedd yn well ganddo fe anghofio am yr holl beth. Roedd popeth drosodd nawr, wedi ei ddatrys. Roedd y ddau ar y stryd o flaen gweddillion y tŷ. Roedd Lisa yn cerdded yn ôl ac ymlaen. Doedd e ddim yn hoffi hyn. Dylen nhw fynd, ymhell o fan hyn. Byddai fe'n beryglus i ddangos bod unrhyw gysylltiad â nhw â'r lle.

"Gwnest ti ymladd!" meddai hi, yn gyffro i gyd. "Gwelais i – ti a'r peth 'na. Gwnest ti ymladd drosta i."

"Paid â bod yn dwp," atebodd e, a diflannu i ochr arall y stryd i gael sigarét a meddwl beth roedd e'n mynd i'w wneud nesaf. Trip gwael, dyna i gyd oedd hi. Ysbrydion! Dwli Llew, dyna i gyd. Llew . . . ceisiodd anghofio am Llew. Doedd Raz ddim yn gwybod sut roedd y tân wedi dechrau, ond doedd dim llawer ar ôl o'r lle nawr. A rhaid bod esboniad synhwyrol.

Roedd e wedi cael ffics y bore 'ma, roedd e'n teimlo'n ddigon da, roedd amser gyda fe i aros, a gwylio. Llew. Roedd Lisa eisiau mynd at yr heddlu a reportio ei fod e ar goll – ei fod e yn y tŷ pan aeth y lle ar dân. Rhwystrodd Raz hi. Doedd hi ddim yn syniad da tynnu sylw'r heddlu. Roedd Raz yn edrych yn anniddig iawn nawr, ac roedd e eisiau mynd cyn gynted ag oedd yn bosibl.

Ond doedd dim gwahaniaeth yn y pendraw, allai hynny ddim dod â Llew yn ôl. Trodd Lisa i edrych ar Raz. Roedd e'n cerdded yn ôl ac ymlaen yn ddiamynedd. Dim ond eiliad oedd gyda hi, ond roedd hyn yn bwysig iddi hi. Am ryw reswm rhyfedd roedd hi'n gallu teimlo Llew yno, yn hanner disgwyl ei weld e. Meddyliodd hi am yr hyn ddywedodd e wrthi hi, y peth olaf. Roedd ei feddwl e'n glir, ac roedd Lisa'n meddwl ei fod e'n sobr.

"Mae'r llen rhwng y bydoedd yn denau iawn. Paid ag ofni'r siwrne fer drwyddi hi. Does dim gwahaniaeth mewn gwirionedd. Mae bywyd yn parhau."

Ac roedd hi'n teimlo ei bresenoldeb e nawr, efallai ei fod e'n ceisio cysylltu â hi, i ddweud wrthi hi fod popeth yn iawn, y byddai popeth yn iawn – Llew, doedd e erioed wedi perthyn i'r byd hwn yn gyfan gwbl. Ac roedd hi'n gwybod nad oedd hi'n ofni marwolaeth rhagor. Byddai marwolaeth yn dod pan fyddai'r amser yn iawn. Fel i Llew. A dyna i gyd. Ac roedd hi'n gwybod nawr bod rhywbeth yr ochr arall. Efallai byddai hi'n cael gweld Llew eto. Ond roedd pethau i'w gwneud yn gyntaf. Ond beth? Allai hi fynd yn ôl at ei chwaer hi? Fyddai hi'n ei chymryd hi i mewn? Fyddai hi'n fodlon cael Raz hefyd? Chwiliodd Lisa amdano fe – roedd e wedi crwydro i rywle. Na, roedd yn ormod i ddisgwyl iddyn nhw gymryd Raz i mewn hefyd, amhosibl. Ond doedd hi ddim yn gwybod sut roedden nhw'n mynd i ymdopi. Er hynny, roedd hi'n gwybod y byddan nhw'n ymdopi.

40

Aeth Raz y tu ôl i'r hen fodurdai lle roedd e'n teimlo'n fwy cyfforddus, o olwg pawb. Eisteddodd e ar y wal isel, tanio sigarét a chwythu mwg i'r awyr. Synhwyrodd e rywun y tu ôl iddo fe. Clywodd e'r llais fel sibrwd i ddechrau.

"Ddaeth y ferch mas, te?"

Chwyrliodd Raz o gwmpas yn sydyn.

"A dyma fi'n meddwl ein bod ni wedi cael gwared â hi."

"Ni, Mal?" Trodd e. Roedd Mal yn dal i syllu arno fe gyda gwên hunan fodlon.

"Roedd rhaid i fi weld . . . beth bynnag – busnes fel arfer? Ro'n i'n meddwl gallwn i wneud rhywbeth i ti."

"Ti ddechreuodd y tân 'na?" meddai Raz mewn llais tawel

"Fi? Cyhuddiad ydy hynny?" Roedd bygythiad yn llygaid Mal, a phenderfynodd Raz ildio – am y tro.

"Ti oedd yn iawn," meddai Mal wedyn ar ôl distawrwydd hir, "ti ddywedodd bod hi off ei phen hi – bron mor wallgof â'r meddwyn 'na. Ac roedd hi'n gwrthod chwarae'r gêm."

Trodd Raz yn sydyn, a gafael yn siaced Mal.

"Wyt ti wedi ei cholli hi'n gyfan gwbl? Rwyt ti'n lwcus taw dim ond Llew oedd yn y tŷ – allet ti fod wedi lladd y tri ohonon ni!"

"Llew?" meddai Mal mewn llais bach

"Ie, Llew. Roedd e yn y tŷ!" ochneidiodd Raz a gwthio Mal oddi wrtho fe i mewn i'r wal.

"Aros funud!" Siglodd Mal ei hun yn rhydd a brwsio ei ddwylo fe i lawr ei siaced, "dw i ddim wedi gwneud unrhyw niwed i Llew – roedd e'n iawn y bore 'ma, beth bynnag."

"Welaist ti fe? Ydy e'n dal yn fyw?"

"Gwelais i fe'n crwydro lan Cwrt y Cathod y bore 'ma yn siarad rhyw ddwli am leisiau a bwganod a phethau fel'na."

Ochneidiodd Raz.

"Pam wyt ti'n poeni amdano fe? Meddwyn yw e – dyw e erioed wedi siarad synnwyr. Nawr, efallai gallwn ni ddechrau rhyw *deal* bach newydd."

"Mal?"

"Ie?"

"Rwyt ti'n wallgof . . ." Dechreuodd Mal chwerthin.

"Beth sy'n bod? Rwyt ti wastad 'di bod yn hapus i weithio gyda fi yn y gorffennol – ac erbyn meddwl, gyfaill, does dim lot o ddewis gyda ti."

Cymerodd Raz un cam yn ôl, trodd i weld Lisa'n camu'n ôl ac ymlaen, ar y stryd y tro hwn. Trodd e yn ôl at Mal, a phlannu dwrn yng nghanol ei wyneb e. Plygodd Mal mewn poen. Safodd Raz yn ôl. Yn sydyn teimlodd e holl ddicter y noson gynt eto, yr holl ddicter, yr holl bobl oedd wedi gwneud hyn iddo fe. Dyrnodd e Mal. Eto, eto ac eto. Llifodd y gwaed o wyneb Mal.

Ac roedd ffordd arall gallai Mal ei helpu hefyd. Edrychodd Raz ar y corff llipa, gwaedlyd ar y llawr, edrych o'i gwmpas e'n wyliadwrus. Gwnaeth e benderfyniad.

Daeth Raz o hyd i Llew lle roedd Mal wedi dweud y byddai fe, yng nghefn y sied wrth Gwrt y Cathod. Roedd holl eglurdeb meddwl y noson o'r blaen wedi diflannu fel cynnwys yr hen botel bop oedd ar ei arffed. lap.

"Llew, Llew . . ." galwodd arno fe, fel petai e'n bellter mawr oddi wrtho fe. Neidiodd Llew fel petai Raz yn fygythiad mawr iddo fe. Cymerodd funudau hir i Raz ei dawelu. Roedd Llew, fel roedd Mal wedi awgrymu, yn dal i siarad am ysbrydion.

"Llew!" siglodd Raz e eto, pan oedd e ar fin llithro'n ôl i mewn i freuddwyd erchyll arall. Tynnodd e Llew ar ei eistedd. Yna aeth Raz i boced ei hen jîns a dod o hyd i arian Mal. Cadwodd e ddau ddarn o bapur yn ôl, a'u gwthio nhw yn ôl i mewn yn ddwfn. Cydiodd e yn y lleill a'u stwffio i law Llew.

"Mae Lisa lan ar bwys y tŷ," meddai Raz. "Llew. Mae rhaid i ti edrych ar ei hôl hi. Rho'r arian 'ma iddi hi, a dwed wrthi hi i fynd at ei chwaer hi. Mae rhaid i fi ddiflannu am ychydig. Cynlluniau wedi newid."

"Yr arian?"

"Ffeindiais i waled rhywun," meddai Raz. "Dwed wrthi hi 'mod i'n mynd i ddod yn ôl. Cadw hi oddi wrth Mal . . . a cher â hwn i ti dy hun ond paid â gadael i bobl Mal wybod – a phaid â'i yfed e!"

"Na . . ." meddai Llew, wrth fyseddu'r arian a llyfu ei wefusau'n araf a gobeithiol.

"Llew? – Lisa!"

"Ie, wrth gwrs, Lisa . . ." meddai Llew.

Cododd Raz ar ei draed a thynnu Llew gyda fe. Roedd hyn yn amhosibl. Allai fe ymddiried yn Llew? Ond hefyd roedd e'n gwybod nad oedd e'n gallu meiddio mynd yn ôl at y tŷ. Byddai dynion Mal dros y lle i gyd erbyn hyn, heb sôn am yr heddlu.

Oedodd e, wedyn cafodd e syniad. Chwiliodd e drwy ei bocedi am rywbeth i ysgrifennu arno fe. Doedd dim ond y cerdyn *Hafan*. Diolchodd e nad oedd e wedi ei daflu fel oedd e wedi eisiau'i wneud. Daeth e o hyd i ddarn bach o bensil ym mhoced cot Llew ac ysgrifennodd e ar gefn gwag y cerdyn.

"Lisa – cer at dy chwaer di, ac aros gyda hi. Plîs! Aros amdana i. Dw i ddim yn gallu esbonio nawr, ond dw i'n addo bydda i nôl. Ffydd, Lisa!" ac yna, ar y funud olaf ysgrifennodd e: "Neu dere ata i." Byddai hi'n gwybod ble i ddod. Stwffiodd e'r cerdyn yn llaw Llew.

"A phaid â mynd yn agos at Mal!" gwaeddodd ar ei ôl e.

"Pam byddwn i eisiau mynd yn agos ato fe?" meddai Llew yn ôl, yn glir ac yn synhwyrol. "Does dim byd sy 'da fe dw i ei eisiau . . . stwff peryglus!" a chariodd e ymlaen i fwmial ar ei ffordd e lan y bryn. Chwarddodd Raz ar ei ôl, a sylweddoli mai dyna'r tro cyntaf iddo fe ddod yn agos at chwerthin mewn dwy flynedd.

Teimlodd e yn ei boced. Ar wahân i'r arian, roedd pecyn bach gyda fe ar ôl – stwff da, digon am ddiwrnod arall, efallai dau. Wedyn – wel, roedd hynny'n dibynnu arno fe. Dechreuodd e gerdded i gyfeiriad y draffordd, ond cofiodd e fod digon o arian gyda fe ar ôl ar gyfer sedd fach glyd ar fws.

Roedd e'n mynd adre. Doedd e ddim yn gallu aros yma nawr, ddim nawr. Roedd e'n gweld y ffordd o'i flaen e, ac roedd e wedi dechrau ar ei ffordd e. Edrychodd e yn ôl. Yn fwy na dim byd arall roedd e eisiau rhedeg yn ôl at Lisa a'i dal hi yn ei freichiau. Ond roedd e wedi penderfynu.

Byseddodd e yn ei boced am y cerdyn, a chofiodd ble roedd e. Ond roedd e'n gwybod beth oedd wedi ei sgrifennu arno fe, roedd e wedi ei ddysgu ar ei gof erbyn hyn. Beth am roi cynnig arni? Wedi'r cyfan, fyddai ddim yn ei ladd e.

IMPORTANT INFORMATION ABOUT THE CD

MP3 is an exciting new format that enables us to provide you with the full text of the novel, not an abridged version.

It can be played on home computers, most DVD players, many new CD players and MP3 players.

If you have any concerns about playing this CD please contact us through the web site: **www.gofannon.co.uk**

or by email: **gofannon@caergofannon.demon.co.uk**

or through the post: **Gofannon, 30 Pen-y-Wern, Clydach, Swansea, SA6 5HD**.

We will then provide you with all the information you need.

GWYBODAETH PWYSIG AM Y CD

Mae MP3 yn fformat newydd a chyffrous sy'n ein galluogi ni i ddarparu testun llawn y nofel hon, nid talfyriad.

Gellir ei chwarae ar gyfrifiaduron cartref, y rhan fwyaf o chwaraewyr DVD, llawer o chwaraewyr CD newydd, a chwaraewyr MP3.

Os oes unrhyw bryderon gennych ynglŷn â chwarae'r CD, cysylltwch â ni drwy'r wefan: **www.gofannon.co.uk**

neu drwy ebost: **gofannon@caergofannon.demon.co.uk**

neu drwy'r post: **Gofannon, 30 Pen-y-Wern, Clydach, Abertawe, SA6 5HD**.

Byddwn yn darparu unrhyw wybodaeth fydd eisiau arnoch chi.